Sabine Jenni

WIE STARK IST DAS „EINIGE RUSSLAND“?

Zur Parteibindung der Eliten und zum Wahlerfolg der Machtpartei im Dezember 2007

Mit einem Vorwort von Klaus Armingeon

ibidem-Verlag
Stuttgart

Bibliografische Information der Deutschen Nationalbibliothek
Die Deutsche Nationalbibliothek verzeichnet diese Publikation in der Deutschen Nationalbibliografie; detaillierte bibliografische Daten sind im Internet über http://dnb.d-nb.de abrufbar.

Bibliographic information published by the Deutsche Nationalbibliothek
Die Deutsche Nationalbibliothek lists this publication in the Deutsche Nationalbibliografie; detailed bibliographic data are available in the Internet at http://dnb.d-nb.de.

Coverabbildung: „V plane Putina – sila Peterburga“, deutsch: „In Putins Plan – die Kraft Petersburgs“. Plakat aus der Wahlkampagne 2007 der Partei *Edinaja Rossija* am Nevskij Prospekt in Sankt-Petersburg. Fotograf: Michael Linz, November 2007

∞

Gedruckt auf alterungsbeständigem, säurefreien Papier
Printed on acid-free paper

ISSN: 1614-3515

ISBN-10: 3-89821-961-5
ISBN-13: 978-3-89821-961-7

Printed in Germany

Soviet and Post-Soviet Politics and Society (SPPS) Vol. 87

ISSN 1614-3515

Soviet and Post-Soviet Politics and Society (SPPS)

ISSN 1614-3515

Founded in 2004 and refereed since 2007, SPPS makes available affordable English-, German- and Russian-language studies on the history of the countries of the former Soviet bloc from the late Tsarist period to today. It publishes approximately 20 volumes per year, and focuses on issues in transitions to and from democracy such as economic crisis, identity formation, civil society development, and constitutional reform in CEE and the NIS. SPPS also aims to highlight so far understudied themes in East European studies such as right-wing radicalism, religious life, higher education, or human rights protection. The authors and titles of previously published and forthcoming manuscripts are listed at the end of this book. For a full description of the series and reviews of its books, see www.ibidem-verlag.de/red/spps.

Note for authors (as of 2007): After successful review, fully formatted and carefully edited electronic master copies of up to 250 pages will be published as b/w A5 paperbacks and marketed in Germany (e.g. vlb.de, buchkatalog.de, amazon.de) and internationally (e.g. amazon. com). For longer books, formatting/editorial assistance, different binding, oversize maps, coloured illustrations and other special arrangements, authors' fees between €100 and €1500 apply. Publication of German doctoral dissertations follows a separate procedure. Authors are asked to provide a high-quality electronic picture on the object of their study for the book's front-cover. Younger authors may add a foreword from an established scholar. Monograph authors and collected volume editors receive two free as well as further copies for a reduced authors' price, and will be asked to contribute to marketing their book as well as finding reviewers and review journals for them. These conditions are subject to yearly review, and to be modified, in the future. Further details at www.ibidem-verlag.de/red/spps-authors.

Editorial correspondence & manuscripts should, until 2011, be sent to: Dr. Andreas Umland, ZIMOS, Ostenstr. 27, 85072 Eichstätt, Germany; e-mail: umland@stanfordalumni.org

Business correspondence & review copy requests should be sent to: ***ibidem***-Verlag, Julius-Leber-Weg 11, D-30457 Hannover, Germany; tel.: +49(0)511-2622200; fax: +49(0)511-2622201; spps@ibidem-verlag.de.

Book orders & payments should be made via the publisher's electronic book shop at: www.ibidem-verlag.de/red/SPPS_EN/

Authors, reviewers, referees, and editors for (as well as all other persons sympathetic to) SPPS are invited to join its networks at www.facebook.com/group.php?gid=52638198614 and www.linkedin.com/groups?about=&gid=103012

Recent Volumes

78 *Florian Küchler*
The Role of the European Union in Moldova's Transnistria Conflict
With a foreword by Christopher Hill
ISBN 978-3-89821-850-4

79 *Bernd Rechel*
The Long Way Back to Europe
Minority Protection in Bulgaria
With a foreword by Richard Crampton
ISBN 978-3-89821-863-4

80 *Peter W. Rodgers*
Nation, Region and History in Post-Communist Transitions
Identity Politics in Ukraine, 1991-2006
With a foreword by Vera Tolz
ISBN 978-3-89821-903-7

81 *Stephanie Solywoda*
The Life and Work of Semën L. Frank
A Study of Russian Religious Philosophy
With a foreword by Philip Walters
ISBN 978-3-89821-457-5

82 *Vera Sokolova*
Cultural Politics of Ethnicity
Discourses on Roma in Communist Czechoslovakia
ISBN 978-3-89821-864-1

83 *Natalya Shevchik Ketenci*
Kazakhstani Enterprises in Transition
The Role of Historical Regional Development in Kazakhstan's Post-Soviet Economic Transformation
ISBN 978-3-89821-831-3

84 *Martin Malek, Anna Schor-Tschudnowskaja (Hrsg.)*
Europa im Tschetschenienkrieg
Zwischen politischer Ohnmacht und Gleichgültigkeit
Mit einem Vorwort von Lipchan Basajewa
ISBN 978-3-89821-676-0

85 *Stefan Meister*
Das postsowjetische Universitätswesen zwischen nationalem und internationalem Wandel
Die Entwicklung der regionalen Hochschule in Russland als Gradmesser der Systemtransformation
Mit einem Vorwort von Joan DeBardeleben
ISBN 978-3-89821-891-7

86 *Konstantin Sheiko in collaboration with Stephen Brown*
Nationalist Imaginings of the Russian Past
Anatolii Fomenko and the Rise of Alternative History in Post-Communist Russia
With a foreword by Donald Ostrowski
ISBN 978-3-89821-915-0

Inhalt

Abstract in English

How Strong Is "United Russia"?

The Party Allegiance of the Elites and the Electoral Success of the Party of Power in December 2007

Abstract:

The study tries to explain the electoral success of Russia's current party of power *Edinaya Rossiya* ("United Russia"). It is predicated on the observation that the Russian Federation is no longer in transition, as its regime is stable and supported by a majority of the people. However, if one applies Dahl's polyarchy criteria the Russian regime cannot be seen to have resulted from a successful transformation into a democracy. On the other hand, the current political system is not totally closed, political competition and formally democratic institutions still exist and elections are regularly held. A theory, developed by Beatriz Magaloni based on the case of Mexico under the Institutional Revolutionary Party (PRI), assumes that the people´s electoral support for an autocratic hegemonic party is stable if the party is able to win high electoral margins with minimal use of fraud, while at the same time punishing disloyal voters and rewarding loyal ones. In the consideration of the degree of *Edinaya Rossiya*'s dependence or influence on state structures, very different opinions are expressed in the Russian as well as in the foreign scientific literature.

The study aims to provide an empirical picture of the role of *Edinaya Rossiya* during the Duma elections of December 2007, when the party won two thirds of the seats of the lower house of the Russian parliament. The study is a snapshot of the development process of *Edinaya Rossiya*. A process, which will eventually lead to the formation of a hegemonic party; as per Magaloni´s definition, a party has to stay in power for at least twenty years in order to be called a hegemonic one. The theory relevant for the Russian case anyway, since Magaloni herself lists Russia among the consolidating hegemonies and because several analysts have already drawn parallels between the current Russian regime and the regime of the PRI in Mexico. Firstly, the Russian political system is analyzed to identify the elites likely to decide elections. Then, an analysis of the party structure shows that the party of power is centralized and hierarchic in organizational terms, while in terms of resources, it officially relies only to a minimal degree on state subsidies – to an even lower level than other subsidised parties. Judging by the low percentage of the budget covered by the largest donations, one can conclude that no private sponsor can exert special influence on the party either. Finally, a quantitative comparative analysis of the correlation between the electoral success of the party of power in the subjects of the Russian Federation and the partisanship of the identified elite members in the respective regions is undertaken. It shows that only the partisanship of the governor or president of the subject has had a substantial impact on the electoral success of the party of power. Other authors have already discussed the same correlation for earlier elections. The present study finds that neither the partisanship of the agents of federal offices in the regions, nor of civil servants in the public health sector or the education system, of directors of state enterprises or of enterprises of the energy or finance sector had an impact, despite election observation reports describing undue activism by such persons. The result is to be interpreted in Russia´s political context, where some important agents in the central state are affiliated to the party and the political system including the system of electoral commissions may be centralized enough for these agents to exert special influence on the electoral outcome. Secondly, important actors could be supporters without membership, as Russian politicians are generally cautious with their partisanship. In addition, one should keep the possibility in mind that the party of power only nominally controls its own strong organizational structure, and is still merely a PR project of the Kremlin. All these conclusions are to be interpreted considering the realignement of the elite since *Dmitry Medvedev*´s takeover of power from the *Edinaya Rossiya* idol and newly nominated party chairman and prime minister *Vladimir Putin*.

The author:

Sabine Jenni (lic.rer.soc, Swiss university degree, equivalent to a master in political science) has studied political science in Berne, Switzerland, and Bordeaux, France. She is currently working as an intern in the research group for Russia and the CIS at the *Stiftung Wissenschaft und Politik* in Berlin, Germany. The study is a slightly revised and updated version of her master thesis, submitted to and approved by Prof. Dr. Klaus Armingeon at the University of Berne in June 2008.

The foreword author:

Prof. Dr. Klaus Armingeon is professor for European and comparative politics at the Institute of Political Science of the University of Berne.

Technische Anmerkungen

Rechtschreibung:

Der Text folgt der für die Schweiz gültigen Rechtschreibung.

Fremdsprachige Eigennamen:

Nicht deutsche Bezeichnungen und Eigennamen werden kursiv, russische Bezeichnungen kursiv und in der deutschen wissenschaftlichen Transliteration wiedergegeben. Wenn ein Wort häufig vorkommt, ist nur die erste Nennung kursiv markiert (Beispiel: Duma). Ist eine Bezeichnung auf Deutsch geläufig, so wird anstelle der Transliteration die geläufige deutsche Umschrift verwendet (Beispiel: Tschetschenien statt *Čečnja*, Jelzin statt *El'cin*). Namen russischer Autoren und Autorinnen nicht-russischer Publikationen werden in der dort verwendeten Schreibweise aufgeführt.

Zitierweise:

Zitate werden in der „anglo-amerikanischen" Zitierweise belegt (Rost und Stary 2003: 192). Zitate aus englischen Texten werden in der Originalsprache widergegeben, Zitate aus russischen Texten wurden von der Verfasserin übersetzt und sind auf Deutsch widergegeben.

Querverweise:

Mit der Abschnittsnummer in Klammern wird auf den Teil der Arbeit verwiesen, in dem ein Sachverhalt eingehender erläutert wird, zum Beispiel so: (4.1).

Statistik:

Die statistischen Berechnungen wurden mit der Software Stata 10 durchgeführt.

Tabellenverzeichnis

Abbildungsverzeichnis

Abkürzungsverzeichnis

AO	Autonomer Kreis (*avtonomnyj okrug*), Föderationssubjekt innerhalb der Grenzen eines autonomen Bezirks, seit dem Reformplan von 2001 in Auflösung begriffen (Kusznir 2006).
APR	Agrarpartei Russlands (*Agrarnaja partija Rossii*)
CIK	Zentrale Wahlkommission (*Central'naja izbiratel'naja kommissija*)
ER	Allrussische politische Partei Einiges Russland (*Vserossijskaja političeskaja partija Edinaja Rossija*)
FSB	Inlandgeheimdienst der Russischen Föderation (*Federal'naja služba bezopasnosti*)
GUS	Gemeinschaft unabhängiger Staaten (Nachfolgestaaten der Sowjetunion)
KPRF	Kommunistische Partei der Russischen Föderation (Kommunističeskaja partija Rossijskoj Federacii)
LDPR	Liberal-demokratische Partei Russlands (*Liberal'no-demokratičeskaja partija Rossii*)
NDR	Politische Partei „Unser Haus Russland" (*Naš Dom – Rossija*)
O	Gebiet (*oblast'*), Föderationssubjekt
OAO	Offene Aktiengesellschaft (*otkrytoe akcionernoe obščestvo*)
OLS	Methode der kleinsten Quadrate, statistisches Schätzverfahren für Regressionsgleichungen (*Ordinary Least Squared*)
OOO	Gesellschaft mit beschränkter Haftung (*Obščestvo s ograničenoj otvetstennostju*)
OVR	Partei „Vaterland – Ganz Russland" *(Otečestvo – Vsja Rossija*)

PRI	Institutionelle Partei der Revolution (*Partido Revolucionar Institucional*)
RIK	Regionale Wahlkommission (*Regional'naja Izbiratel'naja Kommissija*)
RPP	Russische Partei der Rentner (*Rossijskaja partija pensionerov*)
RF	Russische Föderation (*Rossijskaja Federacija*)
RPŽ	Russische Partei des Lebens (*Rossijskaja partija žizni*)
SPS	Politische Partei „Union der Rechten Kräfte" (*Sojus pravich sil*)
SR	Politische Partei „Gerechtes Russland" (*Spravedlivaja Rossija*)
TIK	Territoriale Wahlkommission (*Territorjal'naja izbiratel'naja kommissija*)
UIK	Wahlkreis-Wahlkommission (*Učastkovaja izbiratel'naja kommissija*)
ZAO	Geschlossene Aktiengesellschaft (*Zakrytoe akcionernoe obščestvo*)

Danksagung

Für inhaltliche, sprachliche, politikwissenschaftliche, statistische und computertechnische Hilfeleistungen und gute Ratschläge bedanke ich mich herzlich bei Edith Siegenthaler, Paul Müller, Marina Bolzli, Sebastian Dickenmann, Béatrice Vogel, Kim Edwards und Gerhard Jaggi.

Vorwort

„Wie stark ist das ‚Einige Russland'? Zur Parteibindung der Eliten und zum Wahlerfolg der Machtpartei im Dezember 2007“ ist die überarbeitete Version einer Lizentiatsarbeit am Institut für Politikwissenschaft der Universität Bern.

Sabine Jenni stellt sich in dieser innovativen Studie die Frage, worauf sich die Wahlerfolge der Partei 'Einiges Russland' zurückführen lassen. Dabei überprüft sie eine Erklärung, die zunächst am Beispiel Mexikos entwickelt wurde. Die Grundüberlegung lautet, dass die Bürgerinnen und Bürger ‚Einiges Russland' gewählt hätten, weil sie sonst Nachtteile zu befürchten hätten. Diese Nachteile können beispielsweise in der Kündigung der Arbeitsplätze von öffentlich Bediensteten bestehen. Diese Bestrafungen für ‚unerwünschte' Wahlergebnisse würden von den jeweiligen Eliten in Verwaltung, Wirtschaft und Politik vorgenommen. Eine Voraussetzung hierfür ist die Bindung dieser Eliten an die Partei ‚Einiges Russland'. Wir würden dieser Hypothese zufolge erwarten, dass die Wahlerfolge der Partei in jenen Regionen besonders hoch sind, in denen ein grosser Teil der Eliten auch der Partei angehören. Sabine Jenni findet allerdings nur schwache empirische Stützung für diese Hypothese. Man wird also, so das Ergebnis der Analyse, mit der Annahme der Wählermobilisierung durch Eliten, die mit Bestrafung drohen, in Russland nicht weit kommen.

Neben diesem wichtigen Ergebnis lohnt sich die Lektüre der Arbeit mindestens aus drei Gründen: Zunächst wendet die Autorin in innovativer und angemessener Weise eine plausible Erklärung auf Russland an, die zuvor für einen anderen Kontext entwickelt wurde. Zum zweiten versucht Sabine Jenni ihre Hypothese systematisch zu überprüfen und hierzu benötigt sie Daten. Diese hat sie aufwändig und sorgfältig aus Originalquellen zusammengetragen. Und zum dritten erfahren die Leserin und der Leser von einer Kennerin des politischen Systems Russlands vieles über Akteure, Institutionen und

Prozesse in diesem Land, das nach wie vor eine der mächtigen Nationen dieser Welt ist.

Klaus Armingeon

1. Einleitung

In Putins Plan liege die Kraft Sankt Petersburgs, sagt das auf dem Titelblatt abgebildete Plakat aus der Wahlkampagne im Jahr 2007 und verbindet damit Putins Popularität mit dem Logo der Partei Einiges Russland (*Edinaja Rossija*, ER)[1]. Die Partei entstand 2001 im ersten Jahr einer Legislatur aus dem Zusammenschluss zweier Parteien, und verfügte so seit ihrer Gründung über einen bedeutenden Sitzanteil im Unterhaus des föderalen Parlaments (*Duma*). Die ER wird als Machtpartei bezeichnet, weil sie von staatlichen Akteuren organisiert und finanziert wird (Smyth 2002). Bei den Parlamentswahlen im Dezember 2007 hat die Partei eine Zweidrittelmehrheit gewonnen, die für Verfassungsänderungen ausreicht (Stykow 2006). Der populäre damalige Präsident *Vladimir Putin* hat im Wahlkampf 2003 als erster Präsident der Russischen Föderation (RF) Wahlempfehlungen für eine Partei abgegeben, für Edinaja Rossija. Nach seinem Rücktritt im Mai 2007 übernahm er gleichzeitig den Partei- und den Regierungsvorsitz. Sein Nachfolger im höchsten Staatsamt, *Dmitrij Medvedev*, wurde ebenfalls von dieser Partei nominiert und von den Wählerinnen und Wählern ebenso deutlich gewählt wie seine Partei drei Monate zuvor. Genau wie zu seiner Zeit Putin wurde Medvedev von seinem Vorgänger bestimmt und vom Volk gewählt, anders als dieser wurde er jedoch von einer Partei nominiert (Korgunjuk 2007a). Doch dass sich die von der staatlichen Macht organisierte Partei tatsächlich auch schon zu einer mächtigen Partei entwickelt hat, wird trotz all ihrer Erfolge bezweifelt (Korgunjuk 2006, Magaloni 2006).

---

1 *Edinaja Rossija* wird auf Deutsch meist mit *Einiges Russland*, auf englisch mit *United Russia* übersetzt. Weil auch andere Übersetzungen kursieren und die Unterscheidung von den Bezeichnungen anderer ehemaliger und aktueller russischer Parteien nicht immer leicht fällt, wird im Folgenden die russische Bezeichnung in der deutschen Transliteration oder die Abkürzung ER verwendet.

Gleichzeitig mit dem Aufstieg der neuen Partei begann sich in der Russischen Föderation (RF) während der letzten zwei Legislaturen eine politische Entwicklung abzuzeichnen, die einige charakteristische Eigenschaften des Landes in den chaotischen 1990er Jahren zu überwinden scheint. Typisch für ein präsidentiell-parlamentarisches Mischsystem war in der Russischen Föderation, dass dem Parlament und den Parteien untergeordnete politische Rollen zugeschrieben wurden. Merkel (1999: 499) folgerte daraus, dass im System Anreize zur Parteibildung fehlten. Typisch für ein Transformationsland war lange Zeit die hohe Volatilität unter den Wählerinnen und Wählern, die gemeinhin mit der im Umbruch begriffenen Sozialstruktur, mit fehlenden Parteiidentitäten und mangelnder gesellschaftlicher Organisationsfähigkeit erklärt wird (van Biezen 2003: 37). Da sich die Parteienlandschaft in den 1990er Jahren in der Russischen Föderation von Wahlgang zu Wahlgang stark veränderte, schien der Wahlausgang zuweilen vor allem durch das Parteiangebot bestimmt zu sein (Munro und Rose 2002: 103). Typisch für das sowjetische Erbe war, dass Regierungen in der Tradition des sowjetischen Politbüros aus Fachleuten und nicht aus Parteienvertretern gebildet wurden (Mommsen 2004: 384). Typisch für ein Transformationsland war zudem, dass die Exekutive so genannte Machtparteien als Wahlkampforganisationen bildete, was zur Amtszeit von Präsident *Jelzin* nie zu stabilen und an den Wahlen erfolgreichen Organisationen führte (Smyth 2002)[2]. Die grosse Bedeutung informeller Institutionen, auch eine typische Eigenschaft von Transformationsländern, blieb in der RF bis heute bestehen (Gel'man 2004: 1021). Nach dem Zusammenbruch der formellen politischen, wirtschaftlichen und sozialen Ordnung der Sowjetunion konnten nicht alle Strukturen umgehend durch neue formelle Regelungen ersetzt werden, weshalb in vielen Bereichen informelle Abmachungen entstanden. Diese ermöglichten ein Leben im Vakuum zwischen zwei Systemen und haben ihren Einfluss seitdem nicht verloren (Rimsky 2004: 39).

Die Entwicklungen in der Parteienlandschaft sind ein Aspekt des politischen Wandels in der Russischen Föderation seit der Jahrtausendwende, der das Regime zwar stabilisierte, aber nicht demokratisierte (Bacon et al. 2006, Sto-

---

2 Eine Übersicht über die Sitzverteilungen in den bisherigen Legislaturen der RF liefert Tabelle 8 in Anhang I.

ner-Weiss 2007). Als Zeichen des Wandels werden insbesondere informelle Institutionen angesehen, die mehr und mehr die Funktionsweise der formell demokratischen Institutionen beeinflussen und den politischen Wettbewerb in den Wahlen regeln (Smyth et al. 2007: 120). Für ein besseres Verständnis der Russischen Föderation lohne es sich deshalb, nicht einseitig die Demokratisierungserfolge, -rückschläge und -möglichkeiten zu untersuchen, sondern die Funktionsweise des aktuellen Regimes unter die Lupe zu nehmen, betonen Way (2005) und Bacon et al. (2006). Der Regimewandel und vor allem der Charakter des gegenwärtigen Regimes in der Russischen Föderation sind nicht nur für die russische Innenpolitik von Bedeutung. Der Russischen Föderation kommt auf dem internationalen Parkett in vielen weltpolitischen Fragen entscheidendes Gewicht zu und die westlichen Spitzenpolitiker tun sich schon mal schwer mit dem Giganten, der Menschenrechte und demokratische Werte nicht nach ihren Vorstellungen behandelt und dem sie trotzdem aus Angst vor Sanktionen durch die vielfach russisch kontrollierte Energieversorgung immer wieder entgegenkommen (Fish 2005: 1). Zudem gibt es in der Nachbarschaft der Russischen Föderation und in anderen Teilen der Welt viele weitere Regime, die über formell demokratische politische Institutionen verfügen, aber substanzielle Demokratiekriterien systematisch verletzen (Diamond 2002). Die Funktion von Wahlen und hegemonialen Parteien im Zusammenspiel mit informellen Institutionen in autokratischen Regimen wurde von Magaloni (2006) theoretisch erklärt und am Beispiel Mexikos untersucht. Eine Analyse der jüngsten Entwicklungen in der RF kann Hinweise auf die Anwendbarkeit der Theorie geben und Vergleichsmöglichkeiten bieten.

Die vorliegende Arbeit untersucht die augenfälligste Neuerung in diesem Regime: Sind Erfolge bei der Elitebindung und der Wählermobilisierung die Gründe, weshalb die Partei ER schaffte, was keiner ihrer Vorgängerinnen gelungen ist? Elitebindung und Wählermobilisierung werden in Theorien zu Hegemonialparteien als zwei Probleme kollektiven Handelns verstanden, die eine Partei überwinden muss, um als Hegemonialpartei Wahlen zu gewinnen und ihre politische Herrschaft zu sichern (Magaloni 2006, Smyth et al. 2007). In der Literatur gibt es widersprüchliche Hinweise auf die Richtung des Kausalzusammenhangs: Ermöglicht die Parteibindung der Eliten die Wählermobilisierung oder bietet erst eine erfolgreiche Wählermobilisierung Anreize für die Elitebindung? Die vorliegende Untersuchung will die erste dieser Fragen beantworten: Sind die Stimmengewinne der neuen Machtpartei in den Dumawahlen 2007 auf die Einbindung der wahlentscheidenden Eliten in die Parteistrukturen zurückzuführen? Der Fragestellung liegen die widersprüchlichen Ansichten bezüglich der tatsächlichen Stärke der Machtpartei als eigenständige Organisation beziehungsweise ihrer vermuteten strukturellen Schwächen zugrunde, die bis anhin wegen günstiger Bedingungen nicht zum Problem wurden. Die Partei ER scheint ausgehend von ihrer Konstruktion, der ihr zugedachten Funktion und mit den günstigen institutionellen Rahmenbedingungen im Blick, welche die Gesetzesänderungen während der Amtszeit Putins zugunsten der Machtpartei geschaffen haben, die Rolle einer Hegemonialpartei zu übernehmen und ihre Macht trotz Personalwechsel an der Staatsspitze zu sichern (Smyth et al. 2007). Die Partei hat jedoch theoretisch wie empirisch zahlreiche Schwachstellen: Nach Smith' (2005) Theorie zwingen die Umstände ihrer Entstehung die Partei nicht zu einer starken Organisationsstruktur, da sie nur dank ihrem Zugang zu staatlichen Ressourcen Anreize zur Kooperation bieten könne. Korgunjuk (2006) beobachtet denn auch, dass grosse Teile der Verwaltungseliten sich für die Verfolgung persönlicher Interessen immer noch direkt an staatliche Akteure wenden und sich nicht auf die Gunst von Parteifunktionären verlassen würden. Magaloni (2006) bezweifelt vor allem, dass die Partei zu der in ihrer Theorie so zentralen Wählermobilisierung selbstständig in der Lage sei. Aus der Sicht der zwei Probleme kollektiven Handelns (Elitekooperation und Wählermobilisierung) steht der Organisationsstärke von ER, die vor allem wegen mangelnder Elitekooperation in Zweifel gezogen wird, ihre zweifelslose Wählerstärke gegenüber. Dies ist theoretisch insofern ein Widerspruch, als dass hohe Wahlgewinne als wichtigster Anreiz für die Elitekooperation betrachtet werden, wenn politische Ämter durch Wahlen verteilt werden (Magaloni 2006, Smyth et al. 2007). Das ist in der Russischen Föderation der Fall: Wahlen seien in der Russischen Föderation nach wie vor ein unverzichtbares Element des „only game in town“ um die Regierungsmacht (McFaul und Petrov 2004: 28) und erfüllten sowohl eine innen- als auch eine aussenpolitische Legitimationsfunktion (Wilson 2006: 342). Deshalb sind die Wahlen trotz ihren Demokratiemängeln kritische Momente, in denen Eliten abspringen können, wenn sie sich ausserhalb der Elitekoalition Chancen auf einen Wahlerfolg ausrechnen (Magaloni

2006). Es ist also anzunehmen, dass sich die Stärken und Schwächen einer Hegemonialpartei in solch kritischen Momenten besonders deutlich offenbaren, weshalb sich die Untersuchung der Partei anhand ihrer Rolle in den Wahlen anbietet. Die vorliegende Untersuchung der Parlamentswahlen 2007 ist als Momentaufnahme der Entstehungsgeschichte der Machtpartei anzusehen, in der sich erst abzuzeichnen beginnt, ob sie sich zu einer stabilen Hegemonialpartei entwickelt oder nicht. Eine Momentaufnahme, weil sich das Bild mit dem Wechsel Putins von der Staats- an die Partei- und die Regierungsspitze seit den Wahlen schon verändert hat und weil Magaloni (2006: 37) als ein Definitionskriterium für Hegemonialparteiregimes eine mindestens zwanzigjährige Herrschaft dieser Partei nennt. Deshalb ordnet sie die Russische Föderation den „party regimes in the process of consolidating hegemony“ zu.

Die Untersuchung ist wie folgt aufgebaut: Zuerst wird begründet, weshalb die Russische Föderation als Autokratie behandelt wird (Kapitel 2). Theoretische Stütze ist dafür die Polyarchietheorie Dahls, deren Bedeutung für die Russische Föderation von empirischen Demokratiekennzahlen untermauert wird. Der Theorieteil erläutert anschliessend die Funktion von Institutionen und Akteuren im politischen Wettbewerb in Autokratien (Kapitel 3). Verwendet werden insbesondere Theorien zur Funktion von Wahlen in Hegemonialparteienregimes (u.a. Magaloni 2006), die Theorie der informellen Institutionen und deren Rolle im politischen Wettbewerb in Autokratien (Lauth 2000, Helmke und Levitsky 2004 und Smyth et al. 2007), das Modell zum Wahlverhalten in Autokratien von Magaloni (2006), sowie das Modell des „stag hunt“-Spiels, mit dem das Problem der Elitenkooperation als Problem kollektiven Handelns für eine Hegemonialpartei erklärt wird (Smyth et al. 2007, Scharpf 2000). Aufbauend auf diesen Theorien folgt eine Analyse der Wahlinstitutionen in der Russischen Föderation, aus der die Hypothesen zum Zusammenhang der Stimmengewinne der Machtpartei mit der Parteibindung der Eliten gebildet werden (Kapitel 4). Das Analysekapitel folgt den Anweisungen des Ansatzes des akteurzentrierten Institutionalismus, der sagt, dass es die einen bestimmten politischen Vorgang regelnden Institutionen sind, die die Identifikation der politisch relevanten Akteure erlauben (Scharpf 2000). Anschliessend werden die Eigenschaften der Machtpartei als kollektiver Akteur analysiert (Kapitel 5). Als Quelle dienen die Satzung der Partei sowie die Jahresabrechnungen für 2006 und 2007. Es zeigt sich, dass sowohl die Entscheidungskompetenzen als auch die ökonomischen Ressourcen bei der föderalen Parteileitung konzentriert sind und dass die Parteileitung auch gegenüber den Parteimitgliedern in politischen Ämtern eine starke Stellung hat. Der letzte Befund wird dadurch etwas relativiert, dass es zu weiten Teilen dieselben Personen sind, die Ämter in Partei und Politik besetzen. Eine quantitativer empirischer Vergleich der Föderationssubjekte zeigt schliesslich, inwiefern die Parteibindung welcher Eliteakteure in einem Zusammenhang mit den Stimmengewinnen der Machtpartei steht (Kapitel 6). Die Untersuchung weist einzig für die Hypothese, dass die Parteibindung der Vorsteher der Föderationssubjekte den Wahlerfolg der Machtpartei positiv beeinflusst einen statistischen Zusammenhang nach. Im Schlussteil folgt eine Zusammenfassung, das Fazit und eine Diskussion von kritischen Punkte in den verwendeten Theorien, an den gewählten Methoden und dem Untersuchungsschwerpunkt. Anhand der gegenwärtigen Entwicklungen in der russischen Innenpolitik werden die Untersuchungsergebnisse schliesslich in einen grösseren Zusammenhang gestellt (7).

Für den ersten Teil des Analysekapitels dienen politikwissenschaftliche Wahlanalysen, sowie Berichte von russischen und internationalen Wahlbeobachtungsorganisationen als Grundlage. Es werden auch Analysen früherer Wahlen oder von Wahlen anderer politischer Ebenen hinzugezogen, sofern sie Mechanismen näher erläutern, die auch im Zusammenhang mit den Dumawahlen 2007 diskutiert werden. Als Informationsgrundlage für die Analyse der Machtpartei und ihrer Stärke als Elitekoalition dienen die Satzung der Partei, sowie die offiziellen Internetseiten der Partei und der beteiligten staatlichen Organe. Für die empirische Analyse schliesslich wurde ein entsprechender Datensatz erhoben, die genaue Herkunft der Daten für jede Variable wird in Anhang V angegeben.

2. Forschungsstand
Die Russische Föderation als Autokratie

Die Klassifizierung der Russischen Föderation als autokratisches Regime wird anhand der Eigenschaften ihres gegenwärtigen politischen Regimes und vergleichender Überlegungen ausführlich diskutiert (2.1). Anschliessend wird der Gebrauch der zentralen Begriffe (Regime, Regierung und Kreml) definiert (2.2) und erklärt, weshalb sich auch in Autokratien die Untersuchung des politischen Wettbewerbs lohnt (2.3).

2.1. Abschied vom Transformationsparadigma

Fish (2005: 23 ff.) misst das russische politische Regime an den Polyarchiekriterien Dahls und kommt zum Schluss, dass Analytiker, die die Russische Föderation gegenwärtig noch als (wenn auch defekte oder illiberale) Demokratie bezeichnen, falsch liegen. Falsch, weil einer Bezeichnung als Demokratie entweder die Existenz von Wahlen als hinreichende Bedingung für die Kategorisierung als Demokratie zugrunde liegt, oder die Freiheiten der Bürgerinnen und Bürger unter dem gegenwärtigen Regime falsch eingeschätzt werden. Fish bezieht sich dabei unter anderem auf den Voices and Accountability – Indikator des Good Governance Index von Kaufmann et al. (2005, siehe Tab. 1), in dem die RF in der Rangordnung der Werte für 2004 nicht nur hinter ihren europäischen Nachbarn, sondern auch hinter den kaukasischen Staaten Georgien und Armenien zu liegen kommt. Nur die zentralasiatischen Länder und Weissrussland schneiden noch schlechter ab. Der Indikator baut unter anderem auf den Nations in Transit – Ratings von Freedomhouse und dem Press Freedom Index von Reporters Sans Frontières auf. Die Messgrössen von Nations in Transit stufen die RF seit 2006 in allen untersuchten Bereichen als 'unfrei' ein und zeichnen damit den bis heute andauernden Trend hin zu einem geschlosseneren politischen System nach, wie ihn Fish (2005) beschreibt (Tab. 2).

Tabelle 1: *Voices and Accountability* – Werte für die RF, GUS und Mexiko

	1996	*1998*	*2000*	*2002*	*2004*
Estland	0.77	0.82	0.89	1.05	1.13
Litauen	0.76	0.84	0.95	0.89	0.97
Lettland	0.52	0.72	0.76	0.91	0.96
Mexiko	-0.23	-0.17	0.09	0.36	0.36
Georgien	-0.52	-0.37	-0.21	-0.29	-0.34
Ukraine	-0.39	-0.14	-0.39	-0.64	-0.62
Armenien	-0.57	-0.31	-0.30	-0.44	-0.66
Russische Föderation	*-0.36*	*-0.26*	*-0.44*	*-0.44*	*-0.81*
Aserbaidschan	-1.08	-0.95	-0.81	-0.87	-0.97
Kirgisien	-0.48	-0.46	-0.68	-0.9	-1.06
Tadschikistan	-1.42	-1.37	-0.93	-1.07	-1.12
Kasachstan	0.18	0.18	-0.91	-1.14	-1.21
Weissrussland	-1.03	-0.98	-1.21	-1.4	-1.54
Usbekistan	-1.39	-1.5	-1.39	-1.58	-1.75
Turkmenistan	-1.69	-1.59	-1.59	-1.85	-1.90

Erläuterungen: Werte für die Russische Föderation, die andern Nachfolgestaaten der Sowjetunion und Mexiko 1996-2004. Die Länder sind in der Rangfolge ihrer Werte für 2004 aufgeführt. Der Wert für die bestmögliche Performanz in den *Voices and Accountability* – Indikatoren beträgt 2.5, der Wert für die schlechteste mögliche Einordnung -2.5.
Quelle: Kaufmann et al. (2005c: 4), eigene Darstellung der Autorin.

Die Kriterien für die Bezeichnung eines Regimes als Polyarchie im Sinne Dahls zeigen, dass die demokratische Bedeutung eines allgemeinen und inklusiven Wahlrechts aller Erwachsenen von ihrer Informations- und Organisationsfreiheit sowie von ihrem Recht auf freie Meinungsäusserung abhängt (Schmidt 2000: 394). Sind diese bürgerlichen Freiheiten eingeschränkt, können die Wahlberechtigten keine informierten Entscheidungen treffen und die Gewählten nicht für ihr Verhalten zur Rechenschaft ziehen (ebenda). Im regionalen Vergleich weist die RF mehr Ähnlichkeiten mit den zentralasiatischen Autokratien als mit den neuen osteuropäischen EU-Mitgliedern in ihrer Nachbarschaft auf (Stoner-Weiss 2007: 1). Zieht man hingegen die sowjetischen Vorgängerregime als Vergleich hinzu, so wird angenommen, dass die

Bürgerinnen und Bürger gegenwärtig bedeutend mehr Freiheiten geniessen als während eines Grossteils der sowjetischen Regime (Fish 2005: 27, Stoner-Weiss 2007: 2).

Tabelle 2: Nations in Transit – Werte für die Russische Föderation

	Democracy Score	National Democratic Governance	Electoral Process	Civil Society	Independent Media	Local Democratic Governance	Judicial Framework and Independence	Corruption	Democracy Rating
1997	-	-	3.50	3.75	3.75	-	-	-	-
1998	-	-	3.50	4.00	4.25	-	-	-	-
1999	-	-	4.00	3.75	4.75	-	-	6.25	-
2000	-	-	-	-	-	-	-	-	-
2001	-	-	4.25	4.00	5.25	-	-	6.25	-
2002	-	-	4.50	4.00	5.50	-	-	6.00	-
2003	-	-	4.75	4.25	5.50	-	-	5.75	-
2004	-	-	5.50	4.50	5.75	-	-	5.75	-
2005	-	-	6.00	4.75	6.00	-	5.25	5.75	5.61
2006	-	-	6.25	5.00	6.00	-	5.25	6.00	5.73
2007	-	-	6.50	5.25	6.25	-	5.25	6.00	-
2008	5.96	6.25	6.75	5.50	6.25	5.75	5.25	6.00	-

Erläuterungen: Die *Freedomhouse* Indizes basieren auf einer Skala von 1 bis 7. Der Wert 1 bedeutet das höchste Niveau der Demokratieentwicklung bzw. ein 'freies' (free) Land, der Wert 7 bedeutet die schlechteste mögliche Entwicklung bzw. ein nicht freies (not free) Land. Länder, die einen Wert zwischen 1 und 2.5 erzielen, werden in der Literatur allgemein als 'frei' bezeichnet, Länder mit einem Wert zwischen 3 und 5 als 'teilweise frei' (partly free) und Länder mit einem Wert zwischen 5.5 und 7 als 'nicht frei'. Die Werte von 2008 beziehen sich auf den Zeitraum von 1. Januar bis zum 31. Dezember 2005.
Quelle: Freedomhouse, URL: http://www.freedomhouse.org/template.cfm?page=47&nit=465&year=2008, Stand vom 09.11.2008.

Heute sind vor allem der gesellschaftliche Pluralismus und die politische Partizipation stark eingeschränkt. Beispielsweise hat die Opposition in der aktuellen Zusammensetzung der Duma kaum noch Mitsprachemöglichkeiten, obwohl eine parlamentarische Opposition häufig auch in autokratischen Regimes mit formell demokratischen Institutionen besteht und als ein Wettbewerbselement in solchen nicht ganz geschlossenen Regimes gilt (Levitsky und Way 2002: 55, und Diamond 2002: 31f.). In der laufenden Legislatur sind neben der Machtpartei ER (64.3 Prozent Sitzanteil) noch drei weitere Parteien in der Duma vertreten: Die Partei *Spravedlivaja Rossija* (SR, 7.74 Prozent)[3] wird von Analytikern als zweite Machtpartei gehandelt, die den Weisungen des Kremls loyal ergeben sei (Korgunjuk 2007a). Die *Liberal'naja Demokratičeskaja Partija Rossii* (LDPR, 8.14 Prozent) von *Žirinovskij* verdankt ihre Dumasitze seit Anfang der 1990er Jahre ihrer Loyalität zu den jeweiligen Machthabern. So bleiben die rund zehn Stimmenprozent der Kommunistischen Partei (*Kommunističeskaja Partija Rossijskoj Federacii*, KPRF, 11.6 Prozent) auf föderaler Ebene als Opposition übrig. Korgunjuk (2007a) sagt denn auch, ohne die KPRF müsste man Russland heute als hegemoniales Regime bezeichnen, während Stoner-Weiss (2007: 2) schon heute keine funktionierende Opposition mehr erkennen. Gründe dafür gibt es verschiedene: Die Hindernisse, die das Wahl- und Parteisystem aufstellt, werden in Abschnitt 4.2.1 diskutiert. Schlecht versteckte Eingriffe des Kremls in die Umstrukturierung der Parteienlandschaft gab es auch nach der Gründung der SR. Jüngstes Beispiel ist die Selbstdemontage der liberalen Union der Rechten Kräfte (*Sojus pravich sil*, SPS) und ihr Zusammenschluss mit zwei anderen Gruppierungen zu einer kremltreuen 'liberalen' Partei (Ackeret 2008). Auch zivilgesellschaftlichen Organisationen im weiteren Sinne werden mehr und mehr Steine in den Weg gelegt. So hat ein neues Gesetz über Nichtregierungsorganisationen, das im Jahr 2006 verabschiedet wurde und seit dem Jahr 2007 umgesetzt wird, dem Staat zusätzliche Möglichkeiten gegeben, zivilgesellschaftliche Organisationen zu kontrollieren (Orttung 2008a: 2). Im Juli 2007 wurde das Gesetz über Extremismus so stark erweitert, dass KritikerInnen nun befürchten, dass „the provisions of the law are so broad that it can be used to stifle the political opposition and independent journalists" (Orttung 2008a: 9). Gontmacher (2008) beobachtet in diesem Zusammenhang,

---

[3] *Spravedlivaja Rossija* (dt. Gerechtes Russland) entstand im August 2006 aus dem Zusammenschluss der zu ihrer Zeit ebenfalls mit der Unterstützung des Kremls gegründeten Parteien *Rodina* (dt. Heimat), der *Rossijskaja Partija Pensionerov* (RPP, dt. Russische Partei der Rentner) und der *Rossijskaja Partija Žizni* (RPŽ, dt. Russische Partei des Lebens). Die Fusion ging mit der Absetzung erfolgreicher und nicht kremltreuer Politiker einher und zerschlug die wachsende Wählerstärke und der damit wachsende oppositionelle Mut von *Rodina* und RPP (Korgunjuk 2007b).

dass sich engagierte Bürgerinnen und Bürger heute am ehesten in informellen Kreisen, die vornehmlich über das Internet organisiert werden, für ihre Interessen, aber nicht primär für politische Angelegenheiten einsetzen. Deshalb liegt dieser Analyse die Annahme zugrunde, dass die Russische Föderation das Polyarchiekriterium der Organisations- und Koalitionsfreiheit zur Bildung politischer Parteien und Interessengruppen heute nicht erfüllt.

Mit der eingeschränkten Organisationsfreiheit geht eine eingeschränkte Medienfreiheit einher, was sich in den tiefen *Voices and Accountability*-Werten und den hohen Kennzahlen im *Press Freedom Index* niederschlägt (Fish 2005: 22, Tab. 1 und 3). Die meisten Medienunternehmen gehören Oligarchen mit mehr oder weniger direkten Beziehungen zum Kreml und es gibt zahlreiche rechtliche Vorschriften, die eine kritische Berichterstattung erschweren (Orttung 2008a: 9). Die Situation der Medien wird auch in Bezug auf die Wahlen kritisiert (bspw. OSCE/ODIHR 2004: 14 ff., Nacionalnyj centr monitoringa demokratičeskich procedur 2008: 17 ff.).

Was die alltägliche Rechtsprechung betrifft, so wird angenommen, dass das russische Rechtssystem unabhängiger ist, als journalistische Anklagen vermuten lassen (Popova 2006: 391). Bestimmte politische Akteure können die Justiz jedoch dann unter Kontrolle bringen, wenn es um ihre Machtinteressen geht: neben den Prozessen gegen die grossen Medienunternehmen Anfang des 21. Jahrhunderts ist man an das nicht unbegründete und doch eindeutig politisch motivierte Urteil gegen *Chodorkovskij*, den Geschäftsführer des erfolgreichen privaten Erdölunternehmens *Jukos*, der ausserdem oppositionelle Parteien unterstützte, erinnert (Stoner-Weiss 2007: 17). Popova (2006) untersucht die Rolle verschiedener Instanzen bei Wahlen und zeigt in einer empirischen Analyse, dass der Erfolg von Politikern bei der Registrierung ihrer Kandidatur und bei der Anfechtung von Wahlresultaten stärker mit ihrer Zugehörigkeit zu einem politischen Lager als mit juristischen Richtlinien oder sogar mit ihren finanziellen Mitteln zusammenhängt. Daraus schliesst sie, dass regionale Gerichte unter dem Einfluss der regionalen politischen Machthabern stehen (ebenda: 409). Golosov (2006) findet empirische Hinweise auf buchstäblich parteiische Entscheidungen bei den Parteienregistrierungen für Regionalwahlen. Gel'man (2004: 1021) sieht in den informellen Institutionen Hindernisse für die Ausbildung eines Rechtsstaates: „The dominance of informal institutions which create obstacles to the rule of law is a major distinction between Russia (and other post-Soviet regimes) and most Eastern European countries“. Smyth et al. (2007: 122) interpretieren das russische Regime ebenfalls anhand des Zusammenspiels von formellen und informellen Institutionen im politischen Wettbewerb: die Reformen der Ära Putin hätten den Zugang zum formellen Wettbewerb auf eine kleinen Gruppe beschränkt und den zugelassenen Akteuren sei der Zugriff auf unabhängige politische Ressourcen erschwert worden. Unfreie Medien, ein parteiisches Rechtssystem und Hindernisse in Form von informellen Institutionen beim Aufbau eines Rechtsstaates vervollständigen das Bild einer Russischen Föderation, in der bürgerliche Freiheiten stark eingeschränkt sind und das aktuelle Regime neben der demokratischen Fassade mehr und mehr auch sein autokratisches Gesicht offenbart.

Nun begründen ihre autokratischen Eigenschaften noch nicht hinreichend, weshalb die Russische Föderation nicht aus dem Blickwinkel von Transformationstheorien untersucht wird. Von zentraler Bedeutung ist deshalb, dass das russische Regime gegenwärtig so stabil ist, dass es die Charakteristika eines Transitionsregimes abgestreift zu haben scheint:

> „Any analysis which simply points to a democratic/undemocratic bifurcation in Russian political affairs misses a potentially holistic understanding of what is largely a coherent set of policies put forward by an apparently stable regime with substantial majority support amongst the Russian people“ (Bacon et al. 2006: 5).

Weiter betonen die Autoren, dass es sich lohnt, den Blick auf die tatsächlich existierenden Funktionsweisen des Regimes zu richten, die bei einer Analyse der demokratischen Eigenschaften und Demokratisierungsmöglichkeiten leicht übersehen werden: „(...) such a framework leads to analysis of absences, a concentration on what is not in place in Russia's political system, rather than a focus on the actually existing regime“ (Bacon et al. 2006: 9, vgl. auch Way 2005). Die Klassifizierung als nicht-demokratisches Regime schliesst keine normative Aussage über die Entwicklungsmöglichkeiten der RF mit ein, sondern dient lediglich dazu, passende Theorien zu verwenden, um den Gegenstand besser zu verstehen (vgl. Fish 2005: 9). In Demokratien gebildete und an Demokratien getestete Theorien erklären den politischen Wettbewerb in Regimes mit zahlreichen autokratischen Eigenschaften nur ungenügend. So hängt beispielsweise das Wahlverhalten in nicht-demokratischen Kontexten zum Teil von andern Faktoren ab als in Demokratien (Magaloni 2006: 19). Gerade für die Dumawahlen 2007, die ein neues Ausmass an staatlicher Kontrolle zeigten, ist diese Überlegung zentral (Orttung 2008a: 2).

2.2. Begriffe: Regierung, Regime, Kreml und Duma

Es ist das aktuelle *Regime* in der Russischen Föderation, welches autokratische Eigenschaften aufweist. Der Begriff Regime ist allgemeinerer Natur als der Begriff Regierung und bezeichnet die formelle und informelle Organisation des politischen Herrschaftszentrums. Anhand der Eigenschaften eines Regimes kann ein politisches System als demokratisch oder autokratisch eingestuft werden (Merkel 1999: 71f., Fish 2005: 18). Im russischen Kontext werden die Begriffe Regime und Kreml oft synonym verwendet werden, während die Bezeichnung Regierung kaum vorkommt. Allgemein werden mit *Regierung* die aktuell amtierenden Mitglieder der Exekutive bezeichnet (Merkel 1999: 70f.). Im semi-präsidentiellen institutionellen Gefüge der Russischen Föderation sind die Exekutivkompetenzen zwischen Premierminister und Präsident aufgeteilt, wobei ersterer vom Präsidenten nominiert und vom Parlament gewählt wird, während der Präsident sein Mandat und seine Legitimation durch eine direkte Volkswahl erhält (Mommsen 2004: 380, siehe auch Luchterhandt 2002). Gemäss der Verfassung obliegt die vollziehende Gewalt in der Russischen Föderation dem Ministerkabinett. Die Amtszeit des Kabinetts endet spätestens mit derjenigen des Präsidenten. Die Präsidialverwaltung „dupliziert jedoch bis zu einem gewissen Grad die Regierung" und leitet deren Arbeit zum Teil an (Mommsen 2004: 383). Im Folgenden wird Regierung ausschliesslich für das Ministerkabinett verwendet, während der Präsident und die Präsidialverwaltung explizit als solche bezeichnet werden, um dem faktischen Machtungleichgewicht Rechnung zu tragen. Der Kreml ist Sitz des Präsidenten und gilt deshalb als Synonym für den Präsidenten mitsamt seiner Verwaltung. Das Parlament besteht aus der Duma und dem Föderationsrat. Letzterer ist als Vertretung der Föderationssubjekte gedacht, hat vor allem konsultative Funktionen und wird seit den jüngsten Reformen nicht mehr als reale politische Kraft betrachtet (ebenda: 400). Der Vollständigkeit halber sei noch der Begriff *politisches System* genannt, der Regierung, Regime und Staat als ganzes umfasst (Merkel 1999: 73f.).

2.3. Typisierung von Autokratien

Die Charakterisierung der Russischen Föderation hat nicht nur gezeigt, dass ihr gegenwärtiges Regime zahlreiche autokratische Eigenschaften aufweist, sondern auch erwähnt, dass es immer noch weniger geschlossen sei, als es die Sowjetunion war. Die Kategorisierung autokratischer Regime kommt aus der Transformationsliteratur, die autoritäre von totalitären Regimen unterscheidet. Merkel (1999: 36) nennt folgende drei idealtypischen Eigenschaften autoritärer Regime: (1) Ein eingeschränkter Pluralismus, im Unterschied zum uneingeschränkten Pluralismus in Demokratien und zum Monismus im Totalitarismus; (2) eine Legitimation die sich auf bestimmte Werte, aber nicht auf eine alles umfassende Weltanschauung beruft, wie das in totalitären Systemen üblich ist; (3) eine eingeschränkte politische Partizipation und eine demobilisierte Gesellschaft. Fish (2005: 19) nimmt anhand der Dimension politischer Offenheit bzw. Geschlossenheit eine ähnliche Kategorisierung vor. Zwei seiner Hinweise helfen beim Verständnis der Eigenschaften von Autokratien: Der erste ist etymologisch begründet und zeigt, dass sich Autoritarismus auf einen Regierungsstil bezieht, während sich die Begriffe Demokratie und Autokratie darauf beziehen, wer in einem Gemeinwesen regiert. Im Folgenden wird deshalb auf das Adjektiv 'autoritär' zur Unterscheidung nicht-demokratischer von demokratischen Regimes verzichtet und die Bezeichnung 'autokratisch' verwendet. Der zweite Hinweis folgt aus dem ersten: Nicht-demokratisch ist nicht nur die Regierung durch eine einzige Person oder einen kollektiven Akteur (Monokratie), sondern ebenso die Regierung nur durch einen Teil der Bevölkerung (Oligarchie), denn in einer Demokratie regiert das Volk als Ganzes. Fish (2005: 26) zählt Russland zu den Oligarchien, weshalb die Untersuchung des Wettbewerbs in der herrschenden Elitekoalition der Russischen Föderation von Interesse ist.

Smyth et al. (2007: 120) unterscheiden zwei verschiedene Arenen des politischen Wettbewerbs: In der „competitive arena“ wird innerhalb formeller Institutionen öffentlich (beispielsweise im Wahlkampf) um die politische Macht gekämpft. Zur „factional arena“ hingegen hat nur die politisch entscheidende Elite Zugang, die Meinungsverschiedenheiten zwischen ihren Mitgliedern hinter verschlossenen Türen und entsprechend informeller Regeln und Institutionen löst und die Bedeutung des formellen Wettbewerbs in der Öffentlichkeit so untergräbt. Häufig wirken diese informellen Institutionen der demokratischen Funktionsweise der formellen Institutionen entgegen. Je stärker sich der politische Wettbewerb in die Regierungsetagen des herrschenden Regimes verlagere, desto geschlossener sei ein System. Auch die Bezeichnung „hybride Regime“ trägt dem Umstand Rechnung, dass immer mehr Regime, die substanzielle Demokratiekriterien verletzen, über formelle Institutionen verfügen, wie sie für Demokratien typisch sind (Diamond 2002: 25). Zu solchen formellen Institutionen zählen regelmässige allgemeine Wahlen und MehrParteisysteme. Die RF wurde sowohl am Anfang als auch noch gegen Ende der Amtszeit von Putin als Präsident verschiedentlich als „competitive authoritarian“ bezeichnet (Shevtsova 2001, Diamond 2002: 30, Levitsky und Way 2002: 52, Smyth et al. 2007: 119). Dieser Begriff wird in der Literatur nicht einheitlich verwendet, steht jedoch für eine Analyse von politischen Regimes, die nach der Natur der politischen Herrschaft fragt, unabhängig davon, ob diese demokratisch ist oder nicht. Die Literatur zeigt zudem, dass in solchen „hybriden“ Regimes sowohl theoretisch (Lauth 2000, Gel'man 2004, Bacon et al. 2006, Smyth et al. 2007) als auch empirisch (Turovskij 2005, Golosov 2006, Popova 2006) informelle Institutionen eine wichtige Rolle einnehmen und die Funktionsweisen von formell demokratischen Institutionen beeinflussen. Die vorliegende Studie übernimmt die Annahme, dass es in nicht-demokratischen Regimes politischen Wettbewerb gibt, der leicht übersehen wird, wenn sich der Blick einseitig auf formelle demokratische Institutionen richtet. Magaloni (2006) ist eine der ersten, welche die Rolle solcher informeller Institutionen im politischen Wettbewerb in Autokratien in einem theoretisches Modell des Wahlverhaltens zu erklären versucht. Sie definiert autokratische Regime mit dominanten Parteien als Hegemonialparteienregime, die es von andern Regimen mit langjährig dominanten Parteien oder Elitekoalitionen abzugrenzen gilt: Ein Hegemonialparteienregime unterscheidet sich von einem Einparteienregime dadurch, dass in ersterem Mehrparteienwahlen stattfinden, während in letzterem alle Kandidaten nur auf den Listen der einen regierenden Partei kandidieren (Magaloni 2006: 37). Von demokratischen Regimen mit langjährig dominanten Regierungsparteien unterscheiden sich hegemoniale Regime dadurch, dass die Hegemonialpartei eine so grosse Mehrheit der Parlamentssitze inne hat, dass sie keine Koalitionen eingehen muss, um die Verfassung und damit alle politischen Institutionen zu ändern, was die Autorin als mit der Abwesenheit von bindenden Verfassungsregeln gleichbedeutend bezeichnet (ebenda: 35). In demokratischen Regimen mit einer dominanten Regierungspartei kann diese die Verfassung nicht ohne die Unterstützung von anderen Parteien ändern, weshalb die Wahrscheinlichkeit sinkt, dass die formellen Institutionen zu autoritären Zwecken missbraucht werden können. Aus der ersten Eigenschaft geht die zweite hervor: in Regimen von Hegemonialparteien sind Unregelmässigkeiten bei Wahlen nicht „potentially controllable“, weil die Hegemonialpartei alle Institutionen zur Organisation, Überwachung und schliesslich zur Anerkennung der Wahlen unter Kontrolle hat (ebenda: 36). Seit den Wahlen im Dezember 2007 verfügt die Partei ER also über die institutionelle Macht einer Hegemonialpartei. Ob die Machtpartei jedoch tatsächlich die Eigenschaften und den Einfluss einer Hegemonialpartei besitzt, soll im Verlauf der vorliegenden Untersuchung geklärt werden.

3. Theorie
Politischer Wettbewerb in Autokratien

In diesem Kapitel werden Theorien vorgestellt, die die Funktion von Wahlen und informellen Institutionen in Hegemonialparteienregimen beschreiben (3.1). Anschliessend wird die theoretische Rolle der Akteursgruppen Wahlberechtigte, Opposition, Eliten und schliesslich der Akteur Hegemonialpartei vorgestellt (3.2). Drittens wird der Untersuchungsschwerpunkt alternativen Erklärungen des Wahlerfolges gegenübergestellt und die gewählte Untersuchungsmethode erläutert (3.3).

3.1. Institutionen des politischen Wettbewerbs

3.1.1. Wahlen in Hegemonialparteienregimen

Wahlen in Autokratien dienen wie in Demokratien dazu, politische Ämter und die Rolle der Opposition zu besetzen und die Gewählten in Abhängigkeit von den politischen Institutionen und ihren Wahlkampfversprechen mit bestimmten Aufgaben zu betrauen (Schmitt 2005: 9). Anders als in Demokratien werden die politischen Ämter jedoch nur zwischen den wichtigsten Politikern der herrschenden Elitekoalition aufgeteilt. In Bezug auf die Opposition dienen Wahlen dazu, die Opposition erstens zu spalten, indem loyalen Kräften beschränkt Zugang zu Ämtern gewährt wird und sie zweitens von ihrer eigenen Chancenlosigkeit zu überzeugen, wenn die Elitekoalition haushoch gewinnt (Magaloni 2006: 8ff.). In Bezug auf die Wahlberechtigten liefern Wahlen dem Regime Informationen über das Ausmass der Unterstützung und deren soziale und geografische Verteilung und schaffen so einen „market for political loyalty", falls das Regime Loyalität gezielt belohnen kann (ebenda: 9). Auch ohne eine Wahl zu verlieren, können Elitekoalitionen deshalb im Idealfall aus

Wahlen lernen und Massnahmen ergreifen, um ihre eigene Popularität zu fördern. Autokratien mit einem gewissen Mass an politischem Wettbewerb in Wahlen vermindern so den Nachteil einer nicht gewählten autokratischen Regierung. Ohne Wahlen sind politische Regime nicht gezwungen, durch die Sanktionen der Wählerinnen und Wähler zu „lernen“ und ihre Politik besser den Bedürfnissen der Wahlberechtigten anzupassen oder zumindest besser zu verkaufen. Deshalb gelten solche autokratische Regime im Vergleich mit demokratischen Regimen als instabil (Merkel 1999: 61). Gleichzeitig können aber Wahlen, vor allem wenn sie zur Besetzung der höchsten Ämter im Staat dienen, zur Achillesferse eines Hegemonialregimes werden, denn im Unterschied zu einem Einparteienregime können Politiker in einem Hegemonialparteienregime den offiziellen Kandidaten auf legalem Weg herausfordern (Magaloni 2006: 17). Smyth et al. (2007: 130) bezeichnen die Wahlerfolge von ER deshalb nicht als hinreichende Bedingung für die Konsolidierung der Partei an der Macht, da Abspaltungen auch auf höchster Ebene nach wie vor möglich seien.

Die Hinweise auf die Ähnlichkeiten mit den Funktionen von Wahlen in Demokratien sollen nicht über die substanziellen Unterschiede hinwegtäuschen, denn in autokratischen Regimes werden systematisch normative Anforderungen an demokratische Wahlen verletzt. Um als demokratisch zu gelten, müssen Wahlen erstens für alle Bürgerinnen und Bürger zugänglich sein und regelmässig abgehalten werden (Schmitt 2005: 5). Dieses Kriterium wird in autoritären Regimes heutzutage allgemein (Schedler 2002: 44) und auch in der Russischen Föderation kaum mehr verletzt (OSCE/ODIHR 2004a: 4). Zweitens müssen Wahlen frei und geheim erfolgen (Schmitt 2005: 5). Das Kriterium der Freiheit ist verletzt, wenn das Parteienangebot willkürlich eingeschränkt ist, weil „die Wettbewerbssituation einer Partei durch Eliminierung der Konkurrenz verbessert werden soll“ (ebenda: 7) oder weil eine oder mehrere „der zur Auswahl stehenden Alternativen mit positiven oder negativen Anreizen verbunden ist, die eine wahlberechtigte Person nicht ignorieren kann, wenn sie an der Befriedigung ihrer Grundbedürfnisse, im allgemeinsten Sinne nach physischem Wohlbefinden und sozialer Anerkennung, interessiert ist“ (ebenda: 8). Für die Existenz beider Mechanismen in der Russischen Föderation gibt es Belege. Die Einschränkung des Parteienangebots in Russland wurde von Munro und Rose (2002: 103) schon für die 1990er Jahre beschrieben. Die mit einem bestimmten Wahlentscheid verbundenen positiven oder negativen Anreize sind Gegenstand von Magalonis (2006) Modell des klientelistischen Bestrafungsregimes, das im folgenden Abschnitt beschrieben wird und als wichtigste Stabilitätsgrundlage für Hegemonialparteienregime gilt. Wenn also oben gesagt wurde, dass Autokratien durch Wahlen auch 'lernen' können, so waren nicht den politischen Präferenzen der Wahlberechtigten besser entsprechende Politiken gemeint, sondern eine Kompensation der unzufriedenen Wählerinnen durch solche individuellen oder kollektiven Anreize. Das dritte Kriterium hinsichtlich der demokratischen Qualität von Wahlen bezieht sich auf das Entscheidungsergebnis: die Wahlresultate müssen bindend sein (Schmitt 2005: 8). Dieses Kriterium erlangt in autokratischen Kontexten Bedeutung, wenn Wahlresultate von der Opposition mit dem Vorwurf der Fälschung nicht akzeptiert werden oder von den Machthabern bei einer Niederlage nicht eingestanden werden. Für die Erklärung des Verhaltens von Eliten und Wählern spielt es eine Rolle, wie die Eliten, die Opposition und die Wahlberechtigten die Wahrscheinlichkeit solcher Streitigkeiten nach der Wahl und vor allem die Wahrscheinlichkeit ihrer gewalttätigen Austragung einschätzen (Magaloni 2006: 76 ff.).

Formelle Wahlinstitutionen wie sie für Demokratien typisch sind, haben eine weitere Implikation: der Umbau der meistens in der Verfassung festgeschriebenen formellen politischen Institutionen erfordert eine höhere Zustimmung als nur eine relative Mehrheit im Parlament. In der Russischen Föderation muss einer Verfassungsänderung eine Zweidrittelmehrheit zustimmen (Stykow 2006: 2). Daraus folgert Magaloni (2006: 12), dass der Umbau formeller politischer Institutionen zum Vorteil von autokratischen Machthabern ein *endogenes* Element des „electoral game“ sei. Way (2005: 245) formuliert einen ähnlichen Gedanken: „in a context of weak or fragile political institutions, constitutions and other political institutions are often a *reflection* of incumbent authority rather than a *cause* of it“ (Hervorhebungen im Original). In einer empirischen Untersuchung finden Armingeon und Careja (2008), dass autokratischere mittelosteuropäische Regime in den Jahren seit den politischen Umbrüchen Anfang der 1990er Jahren mehr institutionellen Umbau erfahren haben als demokratischere Regime. Dieses Ergebnis ist vielleicht ein empirischer Hinweis auf die theoretischen Überlegungen von Magaloni (2006: 12) und Way (2005: 245). Fish (2005: 3) hingegen zählt die starke institutionelle Rolle des Präsidenten und die schwache institutionelle Rolle der Legislative zu den ursächlichen Faktoren, die eine Demokratisierung in der Russischen Föderation behindert hätten. Diese Aussagen widersprechen sich nicht, weil Fish in seiner Analyse die fehlgeschlagene Demokratisierung zu erklären versucht und nicht die hier interessierende Frage beantworten will, ob sich die Machtpartei als Hegemonialpartei etablieren konnte. Mit Way (2005: 232) lässt sich argumentieren, dass die Faktoren, die eine Demokratisierung verhindern, keine hinreichenden Erklärungen für die Etablierung und Stabilisierung eines nicht-demokratischen Regimes seien, denn ein solcher Blickwinkel habe dazu geführt, „(...) to ignore factors and institutions – such as effective coercion and the capacity of leaders to keep their allies in line – that may be relative unimportant for democratic development but that are central for maintaining autocratic rule“. Die Änderungen in der Wahl- und Parteigesetzgebung, die heute als förderlich für den anhaltenden Erfolg der Machtpartei angesehen werden, wurden denn auch erst vorgenommen, als die Partei schon eine Mehrheit der Dumasitze inne hatte (Nacional'nyj centr monitoringa demokratičeskich procedur 2008: 4, siehe 4.2).

Entgegen Magalonis Theorie hat die Partei ER in den Parlamentswahlen 2003 nur einen vergleichsweise bescheidenen Sitzanteil gewonnen (49.3 %, Tab. 8) und die Dumafraktion der Machtpartei hat es nach den Wahlen geschafft, einen Grossteil der Parteilosen und von Abgeordneten kleiner Gruppierungen einzubinden und ihre Durchsetzungsfähigkeit somit nicht nur dank der Wählermobilisierung gewonnen (Smyth 2002: 573). Umso interessanter scheint die schon verschiedentlich erwähnte Rolle von informellen politischen Institutionen, die einer anderen Entstehungs- und Veränderungslogik unterworfen sind als formelle politische Institutionen.

3.1.2. Informelle Institutionen der politischen Partizipation

Der Wahlgang ist ein von formellen Institutionen geregelter Wettbewerb innerhalb der kompetitiven Arena des politischen Wettbewerbs (siehe 2.3, Smyth et al. 2007: 120). Die Funktion formeller Institutionen kann jedoch von informellen Absprachen und Beziehungen verändert werden. Theoretische

Hinweise über das Zusammenspiel der von formellen Institutionen geregelten kompetitiven und der von informellen Institutionen geprägten „factional" Arena bietet die Theorie der „Informal Institutions of Political Participation" (Lauth 2000: 25). Im russischen Kontext ist wichtig, dass informelle politische Institutionen gerade während Transformationsphasen an Bedeutung gewinnen können, in denen die alten formellen Institutionen nicht mehr bestehen, jedoch noch nicht genügend neue formelle Institutionen die Lücke füllen und Akteure ihre Unsicherheit und Transaktionskosten am ehesten im Rahmen informeller Institutionen minimieren können (ebenda: 44, Gel'man 2004: 1026). Nach der Standarddefinition werden formelle und informelle Regeln und Prozesse als Institutionen bezeichnet, die einschränkend und ermöglichend auf gesellschaftliche Interaktionen einwirken und so das Verhalten von Akteuren beeinflussen (Helmke und Levitsky 2004: 727, Lauth 2000: 23). Informelle Institutionen zeichnen sich dadurch aus, dass die ihnen zugrunde liegenden Regeln ungeschrieben sind und dass sie ausserhalb von offiziellen Kanälen geschaffen, kommuniziert und durchgesetzt werden (Helmke und Levitsky 2004: 727). Sanktioniert werden Verstösse gegen informelle Institutionen durch soziale Mechanismen oder durch den Umstand, dass zu bestimmten Gütern und Dienstleistungen nur über informelle Kanäle Zugang besteht (Lauth 2000: 24). Im Unterschied zu formellen Institutionen bleiben informelle Institutionen so lange und nur so lange bestehen, wie sie anerkannt und effektiv sind und werden nicht von einem regulierenden Zentrum gesteuert (ebenda: 25). Darauf bezieht sich die Bemerkung bezüglich der unterschiedlichen Entstehungs- und Veränderungslogik von formellen und informellen Institutionen (3.1.1). Damit das Konzept der informellen Institutionen wirklich eine Erklärungskraft hat, darf der Begriff nicht zu weit gefasst werden: Informelle Institutionen dürfen nicht mit schwachen Institutionen oder mit der Abwesenheit von Institutionen verwechselt werden. Es können in einem bestimmten Gebiet auch einfach keine regulierenden Institutionen vorhanden sein (Helmke und Levitsky 2004: 727). Zweitens unterscheiden sich informelle Institutionen dadurch, dass Regelverletzungen sanktioniert werden von beobachtbaren sozialen Regelmässigkeiten im Verhalten, bei denen Abweichungen nicht sanktioniert werden. Drittens dürfen informelle Institutionen nicht mit informellen Organisationen gleichgesetzt werden, damit die Akteure von Regeln unterschieden werden können, die ihr Verhalten beeinflussen (vgl. auch Scharpf 2000: 77). Schliesslich sind informelle Institutionen mehr als nur geteilte, bspw. kulturelle Werte, da erst gemeinsame Erwartungen verhaltensleitend sind (Helmke und Levitsky 2004: 728).

Lauth (2000: 27) zählt *Klientelismus* zu den informellen Institutionen der politischen Partizipation. Als klientelistisch gelten reziproke, aber asymmetrische Zweierbeziehungen, in denen Patron und Klient Leistungen oder Güter gegenseitig austauschen. Solche Beziehungen bedeuten ein Abhängigkeitsverhältnis, da der Patron dem Klienten Güter und Dienstleistungen eigenmächtig und willkürlich liefern oder vorenthalten kann, auf die Letzterer für sein Überleben und Wohlergehen angewiesen ist (Magaloni 2006: 66). Lauth (2000: 27) unterscheidet klientelistische Beziehungen in ihrer Bedeutung als Institutionen der politischen Partizipation anhand der Dimensionen, ob der Patron ein gesellschaftlicher oder ein staatlicher Akteur ist und ob die politische Beteiligung direkt oder indirekt durch die klientelistische Beziehung erfolgt oder nur von dieser beeinflusst wird (ebenda: 28). Es wurde bereits erwähnt, dass Wahlen ihren demokratischen Wert unter anderem dadurch verlieren können, dass der Stimmentscheid der Wahlberechtigten mit Anreizen verbunden wird, die sie nicht ignorieren können, wenn sie an der Befriedigung ihrer Grundbedürfnisse interessiert sind (Schmitt 2005: 5).

3.1.3. Bestrafungsregime

Magaloni (2006: 64 ff.) theoretisiert die Rolle von solchen mit dem Wahlentscheid verbundenen Anreizen in ihrem Modell des Bestrafungsregimes (*punishment regime*), das auf dem Klientelismuskonzept aufbaut. Von Klientelismus und Patronage wird in der Wahlforschung allgemein angenommen, dass sie Wahlentscheide beeinflussen können, weil sich Wählerinnen und Wähler nicht nur für den erwarteten Nutzen des Wahlsieges einer Partei oder eines Kandidaten für die gesamte Gesellschaft und Volkswirtschaft, sondern auch für den persönlichen Nutzen interessieren. Beurteilungen der Wahlalternativen aufgrund des unmittelbaren persönlichen Nutzens werden als „pocketbook evaluations“ bezeichnet (ebenda: 65). Somit ist das Modell den *Rational Choice* – Erklärungen des Wahlverhaltens zuzuordnen, da es davon ausgeht, dass die Wahlberechtigten die praktischen Konsequenzen ihres Wahlentscheides zu beurteilen versuchen und ihren Entscheid davon abhängig machen (Arzheimer und Schmitt 2005: 244). Magalonis Modell will insbesondere erklären, wie Wählerunterstützung für Autokraten auch unter für eine Regierung im allgemeinen und eine autokratische Regierung im besonderen unvorteilhaften Bedingungen aufrecht erhalten werden kann, was zentral für die Stabilität eines autokratischen Regimes ist (Magaloni 2006: 65). Als schwierige Bedingungen bezeichnet sie eine Verschlechterung der Wirtschaftslage, eine zunehmende Modernisierung und Urbanisierung der Gesellschaft sowie unpopuläre Regierungspolitiken. Neben informellen Anreizen trägt das Modell deshalb auch den politischen Präferenzen der Wählerinnen und Wähler, ihrer finanzielle Situation und ihrer Beurteilung der allgemeinen sozialen, politischen und wirtschaftlichen Lage Rechnung. Der Umfang der notwendigen Anreize, die einen Wähler oder eine Wählerin dazu bringen, für ein autokratisches Regime zu stimmen, können auch als Preis bezeichnet werden, den ein Regime für eine Stimme bezahlen müssen. Der Preis steigt (1) je grösser die Distanz zwischen den politischen Präferenzen einer Wählerin und der Ideologie der Partei ist; (2) je eher ein Wähler dank einem genügend hohen staatsunabhängigen Einkommen finanzielle Nachteile in Kauf nehmen kann; (3) je schlechter sich die allgemeine wirtschaftliche Lage entwickelt (ebenda: 69 f.). In der Literatur des *Economic Voting* wird angenommen, dass die wirtschaftliche Lage den Wahlentscheid weniger stark beeinflusst als die Parteiidentifikation und die ideologischen Überzeugungen, aber mehr als andere *Issues* (Arzheimer und Schmitt 2005: 282). Autokratische Regimes haben umso mehr Mittel und Möglichkeiten zum Stimmenkauf, je besser die Zentralregierung die Fiskaleinnahmen und die Subventionsverteilung unter Kontrolle hat und je stärker die Wirtschaft reguliert ist (Magaloni 2006: 71). Dies stimmt mit der Erkenntnis überein, dass Rohstoff- und insbesondere Erdölreichtum häufig einer Demokratisierung im Weg steht. Wirtschaftliche Liberalisierung hingegen kann ein autokratisches Regime schwächen, wenn es dadurch das Monopol auf wirtschaftliche Sanktionen und selektive Belohnung durch Subventionen, Zölle und ähnliches verliert (ebenda). Magaloni spricht von einem „social pact“, der in Mexiko dem Regime des *Partido Revolucionaria Institucional* (PRI) Unterstützung sicherte, solange die Binnenwirtschaft dank öffentlichen Krediten, Produktionssubventionen und Zollschutz florierte (ebenda). Auch im Fall der Russischen Föderation spricht Orttung (2008b: 8) von einem wirtschaftlichen „Gesellschaftsvertrag (...), der besagt, dass die allgemeinen Lebensbedingungen im Austausch gegen die unumschränkte Macht und den Reichtum eines kleinen Elitenzirkels verbessert werden“. Inwiefern sich die Mechanismen im Mexiko unter dem PRI und der Russischen Föderation heute, mittels derer die Elite ihre Versprechungen erfüllen kann, vergleichen lassen, wird die Analyse zeigen.

Voraussetzung für ein Bestrafungsregime ist ein dichtes Netzwerk klientelistischer Beziehungen. Zudem muss ein Bestrafungsregime Freund und Feind erstens unterscheiden und zweitens selektiv belohnen oder bestrafen können (Magaloni 2006: 66). Darauf stützt Magaloni (ebenda: 22) ihr Urteil, dass das Regime um Putin für ein Bestrafungsregime zu schwach organisiert sei und nur dank dem hohen Wirtschaftswachstum Erfolg habe. Die Autorin berichtet jedoch nicht von Untersuchungen der russischen Machtpartei oder gegenwärtigen Eliten. Individuelle klientelistische Wählerkontrolle gestaltet sich in ländlichen Gebieten einfacher. Im anonymeren städtischen Kontext sind individuelle Zuteilungen schwieriger vorzunehmen und müssen eventuell durch kollektive Güter ersetzt werden, was Magaloni (ebenda: 123) mit *Staatspatronage* bezeichnet. Individuelle Belohnungen können beispielsweise in Form von Bargeldüberweisungen, Krediten, Ermässigungen auf den Preis von Nahrungsmitteln, Landerwerb oder beruflichen Titeln gewährt werden; Bestrafungen als Entzug von Subventionen oder staatlichen Sozialleistungen, Kündigungen im Fall von Angestellten öffentlicher Einrichtungen u.ä. vorgenommen werden (ebenda: 67).

Der Unterschied zwischen klientelistischem Stimmenkauf in autokratischen und demokratischen Regimen besteht darin, dass die Opposition in ersteren kaum Möglichkeiten zum Aufbau und Unterhalt solcher Strukturen hat und die Machthaber fast alle öffentlichen Ressourcen kontrollieren, während in Demokratien klientelistische Beziehungen nicht so einfach von einer Partei monopolisiert werden können (ebenda: 68). Klientelistische Beziehungen müssen auch von Massnahmen der Amtsinhaber im Vorfeld von Wahlen unterschieden werden, die auch in Demokratien vorkommen und manchmal als unmoralisch oder auch 'undemokratisch' bezeichnet werden (Fish 2005: 59). Im russischen Sprachgebrauch werden solche legale genauso wie illegale Aktivitäten der Amtsinhaber oft als Missbrauch administrativer Ressourcen bezeichnet. Die Verwendung administrativer Ressourcen wird von Fish (ebenda) nur dann als Wahlbetrug bezeichnet, wenn sie (a) illegal ist und (b) die Grundbedürfnisse von Wählerinnen und Wählern betrifft, da Bestechung ansonsten abgelehnt werden kann (vgl. auch Schmitt 2005: 8). Als Eigenschaft eines Bestrafungsregimes aus informellen Institutionen der politischen Partizipation lässt sich nur die Bedingung der Grundbedürfnisse übernehmen, weil informelle Institutionen zwar extralegal, aber nicht zwangsläufig illegal funktionieren (Gel'man et al. 2003: 16). Zweitens lohnt es sich, darauf zu achten, ob gewisse Merkmale der Wahlgänge oder der politischen Kultur in der Russischen Föderation nur für eine klientelistische Beeinflussung der politischen Partizipation förderlich sind oder schon an sich klientelistische Mechanismen darstellen. Zu den förderlichen aber nicht konstituierenden Merkmalen zählen beispielsweise Umfrageresultate, wonach nur ein Drittel der russischen Wahlberechtigten angibt, ihre Wahl gemäss den persönlichen Überzeugungen zu treffen, während die restlichen zwei Drittel zugeben, ihren Wahlentscheid von der Meinung der lokalen politischen Machthaber abhängig zu machen. Das sei auf die sowjetische Gewohnheit, die eigene Stimme dem von der Exekutive bestimmten alternativelosen Kandidaten „abzugeben", zurückzuführen (Gorčeva 2003: 7 ff.). Diese Logik der politischen Kultur in der RF zeigt, dass günstige Voraussetzungen für die Wählermobilisierung durch die politischen Eliten bestehen. Ein weiteres Beispiel für kritisierbare, aber nicht zwangsläufig klientelistische Beziehungen sind die weit verbreiteten wohltätigen Aktionen von Kandidaten (ebenda: 120). Diese können erst Teil eines Bestrafungsregimes sein, wenn die Kandidaten imstande sind, das Wahlverhalten im Anschluss auch zu kontrollieren ihre Klienten dies zumindest glauben zu lassen.

Im Fall der Russischen Föderation ist die Beobachtung richtungsweisend, dass zunehmende Staatskapazität nicht zwangsläufig mit dominanteren formellen Institutionen einhergeht (Gel'man et al. 2003: 17). Es wird angenommen, dass klientelistische Beziehungen aus Sowjetzeiten nach wie vor bestehen (Rimsky 2004: 39) und dass informelle Institutionen seit der Transformation sogar an Bedeutung gewonnen haben (Gel'man 2004). Die Annahme, dass die Partei ER zur Sicherung ihres Wahlerfolgs Elemente eines Bestrafungsregimes benutzte, ist theoretisch also plausibel.

3.2. Akteure des politischen Wettbewerbs

3.2.1. Ohnmächtige Wahlberechtigte, ohnmächtige Opposition

Ein autokratisches Regime kann klientelistische Austauschbeziehungen dazu benutzen, die Koordinationsanreize und Organisationsfähigkeit der Wahlberechtigten und der Opposition bedeutend einzuschränken. Natürlich können die Wahlberechtigten eines Landes oder eines Wahlkreises auch im demokratischen Kontext bestenfalls als Akteur-Aggregat und nicht als ein komplexer Akteur behandelt werden, da sie als Gruppe immer mit den Koordinationsproblemen des kollektiven Handelns konfrontiert sind (vgl. Scharpf 2000: 99). Aus drei Gründen kann jedoch angenommen werden, dass die Unsicherheit und die Informationskosten, die kollektives Handeln so problematisch machen, im nicht-demokratischen Kontext grösser sind: Erstens sind Oppositionsparteien für die Wahlberechtigten eine sehr unsichere Wahlalternative, da sie in einem autokratischen Regime meist noch nie an einer Regierung beteiligt waren. Diese Überlegung beruht auf der theoretischen Annahme, dass Wählerinnen ihre Erwartungen bezüglich der Leistung von Parteien retrospektiv und mit einem kurzen Zeithorizont bilden (Arzheimer und Schmitt 2005: 283). Diese Erwartungen erweitern sie prospektiv entsprechend der Wahlkampfversprechen der Parteien. Die Unsicherheit ist für Wahlberechtigte kleiner, die in ihrer Gemeinde oder ihrer Region Erfahrungen mit einer Oppositionsregierung gemacht haben (Magaloni 2006: 197). Zudem ist die Unsicherheit der Wahl der Opposition eine Funktion des Medienzugangs der Opposition (ebenda: 59), der in der Russischen Föderation wie bereits erwähnt sehr eingeschränkt ist (siehe 2.1, Fish 2005: 23 ff., Stoner-Weiss 2007, Tab. 1, 2, 3). Zweitens hat eine Hegemonialpartei ein Monopol auf die Staatsressourcen und kann diese für alles Mögliche einsetzen, was ihren Wahlerfolg fördert. Wegen dieser ungleichen Ressourcenverteilung und weil in manchen Wahlen wegen Sperrklauseln oder Ähnlichem eine sehr kleine Anzahl an Stimmen über Erfolg oder Misserfolg entscheiden können, spielen Wahlbetrug und klientelistischer Stimmenkauf auch dann eine Rolle, wenn alle Parteien oder Kandidaten auf solche Mechanismen zurückgreifen – denn bestimmte Akteure werden systematisch benachteiligt (Fish 2005: 53). Die monopolisierten Staatsressourcen führen zudem dazu, dass sozioökonomisch schlechter gestellte Wahlberechtigte stärker von einem klientelistischen Bestrafungsregime abhängig sind und dass für sie die Wahl einer Oppositionspartei deshalb mit den höchsten Kosten verbunden ist (Magaloni 2006: 198). Drittens können die Wahlen zugunsten der regierenden Partei gefälscht werden und Oppositionskandidaten und ihre Wählerinnen und Wähler zur Not auch mit Gewalt zum Einlenken gebracht werden (Magaloni 2006: 19).

Daraus entstehen Massenkoordinationsprobleme: Weder die Wahlberechtigten noch die Opposition können aus den offiziellen Wahlresultaten auf die tatsächliche Anzahl der Anhänger von Hegemonialpartei und Opposition schliessen. Denn wenn die Wählerinnen und Wähler damit rechnen könnten, dass die Regierungspartei die Wahlen verliert, würde der erwartete Nutzen einer Stimme für die Opposition steigen, bzw. die damit verbundenen erwarteten Kosten würden sinken. Ähnliches gilt für die Oppostionsparteien: Erst wenn sich die stärkste Oppositionspartei reale Gewinnchancen ausrechnen kann, macht es für die anderen Oppositionsparteien auch bei allfälligen ideologischen Differenzen rational Sinn, sich hinter die stärkste Partei zu stellen und erst wenn eine Oppositionspartei gewinnen kann, macht es für Wähler rational Sinn, für eine Oppositionspartei zweiter oder dritter Wahl zu stimmen (ebenda: 199). Die beschriebenen Massenkoordinationsprobleme hängen mit den Überlegungen zusammen, die der Polyarchietheorie zugrunde liegen (Fish 2005: 16 ff., Schmidt 2000: 394, vgl. auch Schmitt 2005: 17). Die eingeschränkten Medien-, Informations- und Organisationsfreiheiten verschärfen das Problem: Wahlberechtigte in der Russischen Föderation haben nur ungenaue und unsichere Informationen über die tatsächlichen politischen Präferenzen ihrer Mitbürgerinnen und die tatsächliche Stärke bestimmter Oppositionsparteien. In der Sprache der *Rational Choice* – Modelle steigen also die Informationskosten für die Wahlberechtigten mit abnehmenden bürgerlichen Freiheiten (vgl. Arzheimer und Schmitt 2005: 261ff.). Informationen über die allgemeine Wirtschaftslage und zu Politiken, die direkt den eigenen Tätigkeitsbereich betreffen, sind zwar wie in offeneren Gesellschaften 'billig' zugänglich. Der Rückgriff auf Meinungsführer oder die Parteiidentifikation bei fehlenden Informationen dürfte jedoch schwerer fallen, wenn solchen Personen und Organisationen wenige Möglichkeiten für einen öffentlichen Auftritt zur Verfügung stehen. Im Vorfeld der Wahlen 2007 wurden Auftritte in Massenmedien und die Durchführung öffentlicher Wahlkampfveranstaltungen von Oppositionsparteien verschiedentlich gezielt verhindert (Golos 2007a: 6 f.)[4]. Diese Bedeutung von Wahlen in autokratischen Regimen erkannten auch schon die Begründer der westeuropäischen Parteitheorie: „Totalitarian elections may not make much sense from a Western perspective, but they nevertheless serve important legitimizing functions: they are „rituals of confirmation“ in a continuous campaign against the „hidden“ opposition, the illegitimate opponents of the established regime“ (Lipset und Rokkan 1967: 4).

3.2.2. Die Eliten und die Machtpartei

Seit Putin nach seinem Rücktritt vom Präsidentenamt den Parteivorsitz und das Amt des Premierministers übernahm, hat die RF zum ersten Mal eine Regierungspartei mit einer Zweidrittelmehrheit im Parlament. Eine Mehrheit von der Grösse, die für unilaterale Verfassungsänderungen ausreicht, ist ein Definitionskriterium für Hegemonialparteien, das von ER nun erfüllt wird (Magaloni 2006: 35). Dadurch wird eine Hegemonialpartei zur einzigen Alternative für Politiker, die auf politische Karrieren und politischen Einfluss aus sind: „A hegemonic party replaces the president as the guarantor of political bargains by lengthening the time horizons, providing political jobs and career paths, and ensuring shared access to the spoil of political office“ (Smyth et al. 2007: 131). Weil Hegemonialparteien die einzigen Organisationen sind, die Karriere und Staatsressourcen anbieten können, werden sie zu „oversized governing coalitions that are largely sustained through the distribution of government spoils and patronage“ (Magaloni 2006: 15). Ein solches Verteilungssystem verwandelt Streitigkeiten zwischen Elitegruppen im Idealfall in parteiinterne Rivalitäten, liefert den Eliten grosse Kooperationsanreize und kennt Mechanismen, um Abtrünnige zu bestrafen (Smyth et al. 2007: 123). Dazu reichen jedoch Staatsressourcen alleine nicht aus und in Russland, wo der Präsident „die Aufgabe des Oberschiedsrichters bei der Regulierung von

---

4 *Golos* (dt. Stimme) ist eine russische Nichtregierungsorganisation, die die Wahlrechte schützen und die Zivilgesellschaft stärken will. Seit 2002 organisiert *Golos* die unabhängige Beobachtung von Wahlen und Abstimmungen aller Ebenen in vierzig Föderationssubjekten und publiziert Berichte über alle Etappen des Wahlprozesses, von der Parteien- und Kandidatenregistrierung über Wahlkampfveranstaltungen und die Medienberichterstattung bis zum Wahlgang. URL: www.golos.org, Stand vom 25.06.2008.

Streitigkeiten und Konflikten innerhalb der Elite übernimmt" (Ryabov 2008: 5), dürfte es nicht einfach sein, als kollektiver Akteur in dessen Rolle zu schlüpfen. Insbesondere bot Putin Elitepolitiker, die er entliess, ähnlich wichtige neue Posten an, wie das vor ihm auch schon Gorbatschov und Jelzin taten und so das System stabilisierten (Orttung 2008: 4). Die Partei braucht für die Übernahme dieser zentralen Aufgabe Organisationsstrukturen, die Konflikte kontrollieren, und insbesondere den Zugang zu begehrten Positionen auf eine Weise regeln, dass miteinander in Konflikt stehende Ambitionen verschiedener Politiker den Zusammenhalt der Partei nicht gefährden (ebenda: 131). Ob Putins Wechsel von der Staats- an die Parteispitze der Partei diente, ist umstritten. Korgunjuk (2008) vergleicht mit der Nachfolgeregelung der PRI in Mexiko und bezeichnet es als Putins Fehler, dass er nach Ende seiner Amtszeit die Politik nicht verlassen habe, da so ein instabiles System mit zwei Machtzentren entstanden sei. Zur Rolle der Partei wird einzig vermutet, dass Putin deren Vorsitz womöglich als Absicherung seines Postens als Premierminister angenommen hat (Ryabov 2008).

Nach Scharpf (2000: 108) müssen die internen Strukturen eines komplexen Akteurs die Präferenzen der beteiligten Individuen in einer Weise integrieren können, dass diese bereit sind, persönliche Verluste zur Steigerung der Gesamtvorteile hinzunehmen. Die Ausbildung genügend starker parteiinterner Organisationsstrukturen ist dann wahrscheinlicher, wenn die Partei in einer modernen Gesellschaft entsteht, bei der Entstehung mit einer gut organisierten Opposition konfrontiert ist, diese deshalb bis zu einem gewissen Masse einbinden muss und nicht alleine auf Staatspatronage zurückgreifen kann, um sich rundum Loyalität zu erkaufen (Smith 2005: 429 ff.). In spieltheoretischen Begriffen können die Hindernisse, die der Bildung einer Hegemonialpartei im Weg stehen können und der Nutzen, den eine Hegemonialpartei ihren Mitgliedern bieten kann, als Koordinationsspiel mit variablen Summen beschrieben werden, das von Smyth et al. (2007: 131) mit „stag hunt" und von Scharpf (2000: 132) mit „assurance" bezeichnet wird.

Abbildung 1: Auszahlungsmatrix „Stag Hunt“

		Spieler 1	
		kooperiert (Hirsch)	kooperiert nicht (Hase)
Spieler 2	kooperiert (Hirsch)	4 ; 4	1 ; 3
	kooperiert nicht (Hase)	3 ; 1	3 ; 3

Erläuterungen: Das „Stag Hunt“ Spiel ist ein „mixed-motive-game“. Die Strategie ‚kooperieren' zielt darauf ab, das gemeinsame Interesse von Spieler 1 und Spieler 2 zu realisieren, die Strategie ‚nicht kooperieren' maximiert den Vorteil des einen Spielers auf Kosten des anderen (Scharpf 2000: 131).
Quelle: Eigene Darstellung der Autorin auf Grundlage von Scharpf (2000: 131).

Die Akteure können ihren Nutzen maximieren, wenn alle Spieler kooperieren, also gemeinsam das schwierigere Ziel mit grösserem Gewinn – den Hirsch erledigen – zu erreichen versuchen. Wenn ein Akteur nicht kooperiert, sich also alleine auf Hasenjagd macht, verkleinert sich zwar dessen Nutzen, da ein Hase weniger ergiebig ist als ein Hirsch. Es sind aber die kooperierenden Spieler, die die schlechtesten Auszahlungen erzielen, da sie zu wenige sind, um den Hirsch zu erledigen und es verpasst haben, stattdessen einen Hasen zu jagen. Neben dem materiellen Profit, den eine Hegemonialpartei ihren Mitgliedern dank ihrem Zugang zu Staatsressourcen bieten kann, ist die Unterstützung durch das Elektorat ein weiterer wichtiger Nutzen der Kooperation für Elitepolitiker, wenn sie Wahlen gewinnen müssen, um Zugang zu politischen Ämtern zu bekommen (Smyth et al. 2007: 130, Magaloni 2006: 46). Diese Theorien besagen also, dass die Wählermobilisierung die Anreize für die Parteibindung der Eliten vergrössert.

Bei Burton, Gunther und Highley (1992: 24) liegt diese Annahme dem Begriff „elite convergence“ zu Grunde. Diese Autoren schreiben zwar Wahlen eine demokratiefördernde Funktion zu, was gemäss den hier verwendeten Theorien im Fall des aktuellen russischen Regimes nicht angenommen wird. Trotzdem lohnt es sich, ihre Theorie zur Rolle von Eliten für die vorliegende Analyse beizuziehen, da sie annehmen, dass für ein stabiles politisches Regime, ob demokratisch oder autokratisch, geeinte („unified") Eliten eine wichtige Bedingung seien. Burton et al. (1992: 8) definieren Eliten als die Gruppe der Akteure, die nationale Politik-Outcomes regelmässig und substanziell beeinflussen können. Auch in der Parteien- und Wahltheorie wird den Eliten hohe Bedeutung zugemessen. Lipset und Rokkan (1967) gehen davon aus, dass soziale Konfliktlinien erst dann politische Bedeutung erhalten, wenn Eliten die sozialen Interessen als politische Parteien organisieren können. Gel'man et al. (2003: 15) vertreten in ihrer Analyse von Demokratisierungsprozessen in russischen Regionen eine ähnliche Ansicht: „(...) in post-Soviet countries in general, the masses are agents of the political process only to the degree that the elites can (or cannot) tolerate their actions." Diese Annahmen und Beobachtungen weisen entgegen den theoretischen Erwartungen darauf hin, dass die Elitebindung an eine bestimmte Partei der Wählermobilisierung vorausgeht. Letztlich wird die Frage nach der Richtung des Kausalzusammenhangs nur schwer zu beantworten sein, da viele in dieser Theorie nicht bedachte Faktoren sowohl die Elitebindung als auch die Wählermobilisierung beeinflussen. Weil die Wahlberechtigten und die Opposition in der Russischen Föderation grossen Massenkoordinationsproblemen ausgesetzt sind (3.2.1), und weil in der politischen Kultur in der Russischen Föderation eine starke Autoritätsgläubigkeit beobachtet wurde (3.1.3, Gorčeva 2003), rechtfertigt sich die Analyse des Einflusses der herrschenden Elite auf die Wahlresultate. Ausserdem ist theoretisch klar geworden, dass die Rolle, die die Machtpartei bei der Elitekooperation spielt auch als Indikator für die Stabilität des aktuellen Regimes dienen kann, der in der neuen Situation mit zwei Machtzentren an Bedeutung gewinnen könnte.

3.2.3. Die Partei, ihre Ressourcen und der Staat

Nun wird in der Literatur bezweifelt, dass die Partei ER den Eliten genügend Anreize bietet, ihre Karrieren von der ER abhängig machen. „Von einer Pseudodominanz zu einer Pseudohegemonie" nannte Korgunjuk (2006) eine seiner regelmässigen Analysen des russischen Parteisystems. In seinen Worten gehören in einem dominanten System die höheren Beamten und Regierungsmitglieder der Regierungspartei an und sind in erster Linie dieser Partei verpflichtet, während eine pseudodominante Partei diese Rolle nur imitiert und eine von der Verwaltung und deren Ressourcen abhängige Machtpartei bleibt, wobei die Verwaltung nicht der politischen Kontrolle der Partei unterliegt (ebenda). Heute gleicht das russische Parteisystem mehr einem hegemonialen als einem dominanten, doch der Autor bleibt beim Präfix *pseudo*, da die wahre Macht bei den hohe Beamten geblieben sei, die ihre Renten auf den Posten der Verwaltung suchten und keinen Anreiz hätten, der Partei beizutreten (Korgunjuk 2007a). Ähnliches gelte für die mächtigen Regionalpolitiker, die ihre administrativen und politischen Ressourcen zwar zuweilen in den Dienst der Partei stellten, die Kontrolle darüber jedoch behielten und im Zweifelsfall für persönliche Vorteile einsetzten (Way 2005, Makarkin 2005, Stanovaja 2006, Korgunjuk 2006 und 2007a). Mommsen (2004: 417) äussert betreffend der bevollmächtigten Präsidentenvertreter (*polpredy*) in den sieben föderalen Distrikten (*okruga*) den gleichen Verdacht. Diese Abhängigkeit der Partei von staatlichen Strukturen ist im Vergleich mit den Charakteristika von Parteien in neuen Demokratien keine Besonderheit.

Eine Machtpartei wird sogar *per definitionem* von staatlichen Akteuren – häufig von Mitgliedern der Exekutive – eingerichtet, um an Parlamentswahlen teilzunehmen und als nationale Organisationen für den Präsidentschaftswahlkampf zu dienen (Smyth 2002: 556). Diese Eigenschaften entsprechen der Beobachtung, dass Parteien in jungen Demokratien häufig gleich bei ihrer Entstehung Zugang zu Mandaten in Legislativen und Exekutiven bekommen und somit den Charakter von innerhalb der politischen Institutionen gegründeten Parteien und von 'parties in public office' haben, was den Status von Amtsträgern innerhalb der Partei erhöht (van Biezen 2003: 31ff.). Für die Bildung ihrer innerparteilichen Institutionen ist eine Machtpartei auf staatliche Ressourcen angewiesen (Smyth 2002: 556). Ein weiteres Merkmal einer Machtpartei ist ein charismatischer Leader, der jedoch nicht unbedingt der offizielle Vorsitzende und auch nicht zwingend Parteimitglied sein muss (ebenda: 574). Heute ist der populärste Politiker Russlands auch Vorsitzender der Machtpartei, er ist aber immer noch nicht Parteimitglied (Ryabov 2008: 4). Die ER wurde mit staatlichen Ressourcen aufgebaut, was theoretisch keine günstige Voraussetzung für die Ausbildung starker parteiinterner Strukturen ist (siehe 3.2.2, Smith 2005). Diese Überlegung lässt sich allgemeiner formulieren: Lipset und Rokkan (1967: 4) gehen davon aus, dass ein kompetitives Parteisystem stabiler ist als ein monolythisches politisches System, weil es den Wahlberechtigten erlaubt, die aktuellen Machthaber vom System zu unterscheiden. Regierungskritik bedeutet deshalb nicht das gleiche wie Systemkritik und wirkt so auch nicht in gleichem Mass destabilisierend. Wenn eine Hegemonialpartei ihre Macht also langfristig sichern will, muss sie auf eigene Strukturen und Mittel vertrauen können und darf nicht von einigen wohlgesinnten und einflussreichen Akteuren des politischen Systems abhängen, die ihre Gunst leicht verspielen können. Die eigenen Strukturen der Machtpartei können daran gemessen werden, inwiefern sie auf der kognitiven und der evaluativen Dimension der Integration die Fähigkeiten eines komplexen Akteurs zu strategischem Handeln aufweisen (vgl. Scharpf 2000: 107 ff.).

Zur Untersuchung der Verteilung und Bedeutung verschiedener Ressourcen und insbesondere zur Unterscheidung zwischen der Bedeutung von Ressourcen, die der Staat liefert und solchen, die die Partei liefern kann, soll eine Klassifikation von Gel'man et al. (2003: 17) herbeigezogen werden. Mit *administrativen Ressourcen* werden die Kontrolle von Sicherheitsdiensten und anderen Formen der Zwangsausübung über Akteure bezeichnet. *Ökonomische Ressourcen* sind die Kontrolle von Finanzen und Eigentum. *Politische Ressourcen* sind der Einfluss auf das Handeln von anderen Akteuren oder auf die Funktion von Institutionen sowie die Kontrolle von im Entscheidungsprozess bedeutenden Ämtern und der Wählerunterstützung.

3.3. Schwerpunkt und Methode der Untersuchung

Als theoretisch plausibel und vielleicht der von der Sowjetunion geprägten russischen politischen Kultur naheliegend stellte sich die Kausalbeziehung heraus, dass die Bindung der Eliten an die Machtpartei die Voraussetzung für die Wählermobilisierung zu deren Gunsten sein könnte. In der Literatur wird trotz den hohen Stimmengewinnen aus verschiedenen Gründen bezweifelt, dass die Partei ER die beiden in der Einleitung erwähnten Probleme des kollektiven Handelns, nämlich die Mobilisierung eines Grossteils der Wahlberechtigten sowie die Anbindung der Eliten, überwunden hat. Insbesondere bezweifelt Magaloni (2006) die Stärke der parteiinternen Strukturen, Korgunjuk (2006) die Loyalität der hohen Beamten im Verwaltungsapparat und Makarkin (2005) die Abhängigkeit der regionalen Eliten von ihren Parteiposten. Deshalb drängt sich die Frage auf, ob die Dominanz der Partei ER nicht einfach auf die Wählerpräferenzen oder auf mangelnde Alternativen im Parteiangebot zurückzuführen ist und die Schwäche der parteiinternen Strukturen nur wegen der Abwesenheit von Wahlalternativen noch nicht zum Nachteil wurde (vgl. Smith 2005).

3.3.1. Schwerpunkt

Die Übereinstimmung von Wählerpräferenzen mit der ideologischen Ausrichtung der Partei ER ist wegen der sehr vagen Parteiideologie nach Korgunjuk (2007c) wenig wahrscheinlich und kaum zu überprüfen. Smyth (2002: 561) führt den Wahlerfolg der beiden Vorgängerorganisationen der Partei ER jedoch auf ihre im Vergleich zu früheren Machtparteien moderateren politischen Positionen in einem weniger polarisierten Parteisystem zurück. Sie bezieht sich dabei auf eine links-rechts Skala. So seien die Vorgängerparteien näher an die Position der Medianwählerin gerückt, die in der Zeit nach der *Perestrojka* in Russland politisch tendenziell konservativer war als die nationale Elite und womit sich auch die Abnahme der Stimmenanteile von liberalen Gruppierungen erklären lässt. Jedoch sind gemäss Umfragen die auf einer links-rechts Skala gemessenen politischen Einstellungen in der Russischen Föderation nicht alleine wahlentscheidend. Mindestens ebenso wichtig sei beispielsweise der Charakter des jeweiligen Parteichefs (ebenda). Rose und Munro (2002) zeigen, dass für den Wahlentscheid in den Parlamentswahlen 1999 die zwei Konfliktlinien zwischen Befürwortern und Gegnern der politischen und ökonomischen Transformation und zwischen politisch engagierten und politisch apathischen Bürgerinnen wahlentscheidend war. *Edinstvo*[5], die stärkere der Vorgängerparteien von ER wurde von politisch eher apathischen Transformationsbefürwortern gewählt. In der Literatur

---

[5] Die Partei ER entstand 2001 aus dem Zusammenschluss von *Edinstvo* (dt. Einheit) und OVR (*Otečestvo – Vsja Rossija*, dt. Vaterland – Ganz Russland). Beide Parteien entstanden kurz vor den Dumawahlen 1999, und wurden als zwei rivalisierende Machtparteien beschrieben. OVR diente einer Gruppe von Gouverneuren rund um den Bürgermeister von Moskau *Jurij Lužkov* und den ehemaligen Premierminister *Evgenij Primakov* als Wahlkampfinstrument. *Edinstvo* wurde von den Kreisen des amtierenden Premierministers Putin ins Leben gerufen (Smyth 2002).

herrscht jedoch ein Konsens, dass der Transformationskonflikt mittlerweile an Bedeutung verloren hat (Gel'man et al. 2003: 59). Die Geister würden sich in politischen Fragen in Russland heute entlang der Konfliktlinien zwischen Stadt und Land, insbesondere zwischen den Metropolen Moskau und Sankt Petersburg und der Provinz, sowie zwischen hohen und tiefen Einkommen scheiden (ebenda: 60, Whitefield 2001: 237). Die Autoren beobachten in diesem Zusammenhang, dass in Russland im Unterschied zu andern Nachfolgestaaten der Sowjetunion seit der Transformation keine Massenakteure in Form von sozialen Bewegungen, Gewerkschaften oder politischen Parteien entstanden seien, die oppositionelle Eliten zur Mobilisierung sozialer Interessen hervorgebracht hätten (ebenda: 14). Turovskij (2004a) findet in seiner Analyse der Wahlresultat 2003 auf der Ebene der Föderationssubjekte[6] zudem folgende Regelmässigkeiten, die er weder auf die politischen Einstellungen der Wahlberechtigten, noch auf die genannten Konfliktlinien zurückführt: Erstens zeigt er, dass sich unter den 37 Föderationssubjekten, in denen ER ein überdurchschnittliches Wahlresultat erzielte, 26 Republiken befinden. Dort können administrative und politische Ressourcen wegen der autoritären politischen Regimen am effektivsten zum Vorteil der Machthaber eingesetzt werden – und dort waren auch schon frühere Machtparteien jeweils überdurchschnittlich erfolgreich. Bei der Analyse der Provinzen mit Gebietsstatus (*oblasti*) findet Turovskij zweitens heraus, dass der Wahlerfolg von ER am stärksten damit zusammenhängt, ob der jeweilige Gouverneur auf der Parteiliste kandidiert hat. Das kann entweder wiederum auf den Einsatz dessen administrativer und politischer Ressourcen hinweisen oder auf den Einfluss von Persönlichkeiten auf den Wahlentscheid von Russinnen und Russen.

[6] Die RF ist nach den jüngsten Reformen politisch in 83 Föderationssubjekte unterteilt: in 21 Republiken, acht autonome Kreise (*avtonomnyj okrug*, AO), und das Jüdische autonome Gebiet (*Evrejskaja avtonomnaja oblast'*), die alle ethnisch definiert sind; zudem gibt es 45 Gebiete (*oblast'*, O), sechs Länder (*kraj*, K) und zwei Städte mit Subjektstatus (Moskau und Sankt Petersburg, URL: www.minregion.ru). Den Republiken steht ein Präsident vor, den restlichen Provinzen ein Gouverneur. Autonome Kreise befinden sich innerhalb des Territoriums eines anderen Föderationssubjektes, die als „kompliziert zusammengesetzte Regionen" bezeichnet werden und gemäss dem föderalen Gesetz aus dem Jahr 2001 mit den sie umgebenden Subjekten fusionieren sollen (Kusznir 2006: 3). In der aktuellen Verfassung gelten für alle Provinzen die gleichen Rechte und Pflichten, zu Sowjetzeiten hatten die Republiken *de jure* einen unabhängigeren Status, was *de facto* in der Ära Jelzin von Bedeutung war und es zum Teil auch heute noch ist.

Drittens zeigen die in den 1990er Jahren kommunistisch wählenden Regionen des Nordkaukasus, die die Partei ER in den Wahlen 2003 überdurchschnittlich unterstützten, dass die Partei ER nicht mehr nur Transformationsbefürworter überzeugt. Viertens hätten kaum Wähler und Wählerinnen von andern Parteien auf die Seite von ER gewechselt. Vielmehr seien die besten Resultate da erzielt worden, wo die Wahlbeteiligung am höchsten gewesen sei, was Turovskij (ebenda) ebenfalls auf den Einsatz administrativer und politischer Ressourcen bei der Mobilisierung von Nicht- und Jungwählern zurückführt.

Wie bereits erwähnt, sagten Munro und Rose (2002: 103) über die 1990er Jahre, dass der Wahlausgang vom Parteiangebot bestimmt sei. Das mochte stimmen, als Politiker häufiger die Partei wechselten als Wahlen stattfanden und Parteien weniger lange bestehen blieben als Legislaturen andauerten. Mit Ausnahme der SR sind jedoch heute alles Parteien in der Duma, die schon mindestens zwei mal an föderalen Wahlen teilgenommen haben. Zudem verlieren Abgeordnete nach einer Gesetzesänderung von 2005 ihren Sitz, wenn sie nach der Wahl ihre Fraktion verlassen, was die Parteidisziplin stärkt (Wilson 2006: 341). Sollten die Wahlergebnisse also immer noch angebotsseitig bestimmt sein, muss das auf andere Gründe zurückgeführt werden als in den 1990er Jahren. Ein Grund könnte sein, dass der Kreml den Zusammenschluss der Parteien *Rodina*, RPŽ und RPP erzwungen hat und damit oppositionelle Parteien mit zunehmender Wählerstärke und Identifikationspotenzial durch die Partei SR ersetzt hat, die so stark vom Kreml abhängig und dem Kreml ergeben ist, dass sie als zweite Machtpartei gehandelt wird (Korgunjuk 2007a). Dass auch die liberalen Parteien mit Parlamentserfahrung (*Jabloko* und SPS) bei den Wahlen 2007 keine Chancen auf Dumasitze mehr hatten und die SPS mittlerweile aufgelöst wurde, verkleinert das Parteiangebot zusätzlich. Diese Situation beschreibt Stykow (2006: 4) als „buchstäbliche Undenkbarkeit politischer Alternativen“, die „die Neigung selbst kritisch gestimmter Wähler stärkt, der Urne fernzubleiben – oder aber 'realistisch' abzustimmen“. Dass Alternativelosigkeit Siege ermöglicht, leuchtet ein. Doch dass Alternativelosigkeit der einzige Grund für die hohe Wahlteilnahme ist, scheint weniger wahrscheinlich.

Diese Ausführungen zeigen, dass sich der Wahlerfolg von ER weder nur mit traditionellen Konfliktlinien noch nur mit den Mechanismen der 1990er Jahre erklären lässt. Die Wirkung der neuen Konfliktlinien auf Wahlentscheide wurde noch nicht untersucht; sie werden in die abschliessende empirische Untersuchung als Kontrollvariablen einfliessen. Dem Argument der vom Parteiangebot bestimmten Wahlen kann die theoretische Überlegung entgegengehalten werden, dass die ER erst zur einzigen Alternative im Angebot werden musste und dies wenigstens zum Teil dank ihrer Wahlgewinne geworden ist (vgl. Magaloni 2006). Welche Ereignisse und Akteure den Umbau der formellen politischen Institutionen Anfang des Jahrhunderts vorangetrieben haben, von dem gesagt wird, dass er die Machtpartei bevorteile (4.2), ist nicht Gegenstand dieser Untersuchung, würde aber vielleicht Aufschluss über die Rolle von Staats- und Parteiakteuren geben. Nach den jüngsten Entwicklungen in der Parteienlandschaft wird das russische Regime häufig mit dem „mexikanischen Modell" verglichen (Stykow 2006: 4, Korgunjuk 2008), weshalb die an Mexiko unter dem PRI erinnernden Eigenschaften des gegenwärtigen russischen Regimes im Zentrum der vorliegenden Analyse stehen.

3.3.2. Methodische Überlegungen

Die vorliegende Studie will herausarbeiten, ob sich die Stimmengewinne von ER auf die Parteibindung der Eliten des Landes zurückführen lassen. Obwohl auch der umgekehrte Zusammenhang (Wählermobilisierung führt zu Elitebindung) denkbar ist, weisen im Fall der RF Untersuchungen der sowjetisch geprägten politischen Kultur (vgl. Gorčeva 2003) und die Art, wie die ER nach den Wahlen 2003 ihre Mehrheit über Verhandlungen in der Elite ausbaute darauf hin, dass die Elitebindung die Wahlberechtigten beeinflusst (siehe 3.1.3). Zuerst müssen deshalb die Eliten identifiziert werden, die den Wahlgang und möglicherweise auch den Wahlausgang in der Russischen Föderation beeinflussen können. Gemäss dem Ansatz des akteurzentrierten Institutionalismus lassen sich aus den formellen und informellen Institutionen, die eine politische Entscheidung regeln zuerst die möglichen Interaktionen, die zu einem bestimmten Ergebnis führen und schliesslich die beteiligten Akteure identifizieren (Scharpf 2000: 84 ff.). Deshalb untersucht der erste Teil des Analysekapitels das politische System mit den formellen und informellen Institutionen, die die Wahlen in der Russischen Föderation regeln. Die Untersuchung wahlentscheidender Mechanismen, die informeller, extralegaler und zum Teil auch illegaler Natur sind, bietet einige Schwierigkeiten. Es liegt der Natur der Sache, dass sowohl Wahlbetrug wie auch durch positive oder negative Anreize erzwungene Stimmabgaben nur schwer systematisch beobachtet und nachgewiesen werden können. Fish (2005: 31 f.) sieht zwei Möglichkeiten zur Untersuchung dieser versteckten Mechanismen: *Deduktive* Schlussfolgerungen aus empirischen Regelmässigkeiten in den Wahlresultaten, die von theoretisch vermuteten oder empirisch ermittelten Wählerpräferenzen abweichen, oder *induktive* Schlussfolgerungen aus Beobachtungen von Forscherinnen, Wahlbeobachtern, Wählerinnen oder Beamten. Wenn ein solches Vorgehen zur Identifikation informeller Institutionen dient, so wird von Regelmässigkeiten im Verhalten auf die Existenz von informellen Institutionen geschlossen und es besteht die Gefahr, dass informelle Institutionen mit schwachen Institutionen oder nicht-sanktionierten Regelmässigkeiten im sozialen Verhalten verwechselt werden (Helmke und Levitsky 2004: 733). Dieser Gefahr soll mit folgenden drei Fragen begegnet werden, die helfen sollen, eine informelle Institution zu identifizieren (ebenda): (1) Welches sind die von den Akteuren geteilten Erwartungen bezüglich ihrer Handlungseinschränkungen? (2) Für welchen Akteur oder für welche Akteure gelten die informellen Regeln? (3) Wie werden die informellen Regeln durchgesetzt? Eine deduktive Untersuchung der Gründe für das individuelle Wahlverhalten und der Rolle von positiven oder negativen Anreizen benötigt zur Vermeidung eines ökologischen Fehlschlusses Individualdaten (vgl. Schoen 2005: 94), wie sie dieser Arbeit leider nicht zur Verfügung stehen. Um trotzdem die informellen Institutionen nicht von der Analyse auszuschliessen, werden die Vermutungen über solche aus deduktiven Analysen in wissenschaftlichen Untersuchungen früherer Wahlen und aus Wahlbeobachtungsberichten zu den jüngsten Wahlen gewonnen. Je geschlossener ein politisches System ist, desto unsicherer ist jedoch die induktive Schlussfolgerung. Für die RF sagt Fish (2005: 32): „There is just enough media coverage to make induction based on actual observation possible". Aus der Institutionenanalyse werden Hypothesen darüber gebildet, die Einbindung welcher Eliten zu höheren Stimmengewinnen für die Machtpartei geführt haben könnte.

Im zweiten Schritt der Analyse werden die Eigenschaften der Machtpartei untersucht. Als Grundlage dienen die Satzung, die Jahresabrechnung für 2006, sowie die offizielle Internetseite der Partei. Hinweise auf die Bedeutung von Ämterkumulation und Organisationsstrukturen von Parteien in Transformationsländern gibt unter anderen van Biezen (2003). Anhand der Hypothesen zu den Akteuren mit wahlentscheidendem Einfluss und den entscheidenden Akteuren in der Partei kann die Vertretung Ersterer in den entscheidenden Gremien der Partei gemessen werden. Im dritten Schritt der Analyse wird der Zusammenhang zwischen der Einbindung der entscheidenden Eliten und der Stimmengewinne der Machtpartei in den Provinzen der Russischen Föderation untersucht. Die Untersuchung folgt dem Ratschlag von King et al. (1994: 219), dass es sich bei Fallstudien lohne, Untereinheiten desselben Falles zu vergleichen, um kausale Hypothesen zu überprüfen. Erläuterungen der statistischen Methoden finden sich im entsprechenden Analyseteil (6.2 und 6.3).

4. Hypothesenbildung
Von den Institutionen zu den Akteuren

Magaloni (2006: 32) nimmt an, dass die Machtpartei in der Russischen Föderation zu schwache Strukturen habe, um ihre Wahlsiege gemäss dem Modell des Bestrafungsregimes aus eigener Kraft zu erreichen und dass ihr Erfolg vor allem auf die gute Wirtschaftslage während Putins Amtszeit zurück zu führen sei. In Wahlbeobachtungsberichten und wissenschaftlichen Analysen finden sich jedoch zahlreiche Beschreibungen, die den Mechanismen von Magalonis Modell erstaunlich genau entsprechen. Das Analysekapitel beschreibt deshalb zuerst die Elemente des politischen Systems der RF, die sich eine Hegemonialpartei zu Nutzen machen kann, um auf den Wahlausgang Einfluss zu nehmen (4.1). Anschliessend werden die formellen (4.2) und die informellen (4.3) politischen Institutionen des Wahlprozesses dahingehend untersucht, welche Akteure innerhalb dieser Institutionen das Wahlergebnis beeinflussen können. Daraus werden Hypothesen darüber abgeleitet, welche in die Partei eingebundenen Eliteakteure den Wahlerfolg von ER bestimmen können.

4.1. Das politische System

In der Theorie wurde erwähnt, dass eine fiskalische Zentralisierung und eine starke staatliche Wirtschaftsregulierung begünstigende Voraussetzung für den Aufbau und den Unterhalt eines Bestrafungsregimes sind (Magaloni 2006: 71). Da Magaloni ihre Theorie für Mexiko entwickelt hat, können die entscheidenden Akteure nicht eins zu eins übernommen werden, weshalb hier die Eigenschaften des russischen politischen Systems in denselben Bereichen untersucht werden, um die in der RF an einem Bestrafungsregime möglicherweise beteiligten Akteure zu identifizieren.

4.1.1. Föderalismus und Fiskalpolitik

Der Fiskalföderalismus hat in der RF keine Verfassungsgrundlage (Mommsen 2004: 416) und wurde erst 2003 entsprechend dem Vorschlag der eigens eingesetzten *Kozak*-Kommission geregelt (Thiessen 2006: 189). Vor allem die Gemeinden haben jedoch auch nach diesen Reformen verglichen mit ihren Aufgaben immer noch zu wenige selbstständige Einnahmequellen (ebenda: 216). Ansonsten entsprechen die Reformen des Finanzausgleichs entsprechen was die wirtschaftlich effiziente und politisch effektive Aufteilung von Kompetenzen, Einnahmen und Umverteilung zwischen den verschiedenen politischen Ebenen betrifft den in der OECD allgemein anerkannten Prinzipien (ebenda: 214). In seinem Vergleich der Wohlstandsverteilung unter den russischen Regionen vor und nach der Umverteilung von Steuereinkommen stösst Thiessen (2006: 204 ff.) auf Überraschungen: Es wurde zwar umverteilt, doch einige der Regionen mit überdurchschnittlichem Pro-Kopf Einkommen profitierten von der Umverteilung durch den Zentralstaat, während einige der ärmsten Regionen noch mehr benachteiligt wurden[7]. Nicht nur die föderale Umverteilung der Steuereinnahmen, sondern auch die föderalen Fonds für die finanzielle Unterstützung der Regionen und für die Entwicklung der Regionen verschafften einigen reichen Regionen zusätzliche Mittel (Ministerstvo finansov RF 2006a und 2006b). „This may indicate that, despite the objectivity of the methodology used, some bargaining over transfers and fiscal relations between the center and regions continued“ (Thiessen 2006: 213). Dies kann entweder heissen, dass das föderale Zentrum die Fiskalpolitik als Druckmittel benützt, um Regionalpolitiker auf die eigene Linie zu bringen, oder aber, dass manche Geberregionen[8] politisch zu viel Gewicht haben, als dass das Zentrum es ohne politischen Schaden wagen könnte, die Föderationssubjekte entsprechend ihrem Einkommen und den Umverteilungsregeln in die Pflicht zu nehmen. Hanson (2006: 201) vertritt die erste Erklärung:

---

7 Die von der Umverteilung profitierenden Föderationssubjekte mit überdurchschnittlichem pro-Kopf Einkommen sind: Republik *Sacha* (*Jakutija*), *Magadanskaja* O, *Korjakskij* AO, *Čukotskij* AO, *Kemerovskaja* O, *Amurskaja* O, *Kamčatskaja* O (Thiessen 2006: 212 f.).

8 Kusez und Nelson (2003: 518) bezeichnen mit Geberregionen die Föderationssubjekte, welche vom Föderalen Fonds für finanzielle Unterstützung der Regionen keine Mittel bekommen, im Jahr 2007 betraf das 21 Provinzen.

> „The pattern of subsequent centre-to-region transfers was shown in some analyses to be driven by the need to buy off obstreperous regional leaders than by measures of regional need (though there was a fairly strong statistical association between regional poverty and per capita transfers)“.

Turovksij (2005) vertritt die zweite Ansicht, wenn er beschreibt, wie negative wirtschaftliche Auswirkungen der Föderalismusreformen für einige Föderationssubjekte durch regionale Entwicklungsprogramme indirekt kompensiert wurden: „Denn das Zentrum nimmt so oder so auch Rücksicht auf die einflussreichen regionalen Eliten mit ihren berühmten administrativen Ressourcen, die bei föderalen Wahlen so nützlich sind“. Stellen wir zu diesem Verdacht auf informelle Verhandlungen über die Umverteilung des staatlichen Budgets die Fragen zur Identifikation informeller Institutionen (Helmke und Levitsky 2004: 733, vgl. 3.3.2): Die Akteure erwarten einen Zusammenhang zwischen fiskalischer Umverteilung und politischer Unterstützung, betroffen sind finanzstarke Regionen und die für die Umverteilung zuständigen föderalen Organe, das Finanzministerium. Als Sanktionen stehen den Ersten der Entzug politischer Unterstützung und den Zweiten der Entzug der bevorzugten Behandlung bei der Umverteilung zur Verfügung.

4.1.2. Föderalismus als Frage der Machtverteilung

Der Finanzausgleich ist nur eine der Reformen im föderalistischen Aufbau der Russischen Föderation seit der Jahrtausendwende. Die unter Putin neu eingeführte Verwaltungseinheit der föderalen Distrikte, denen bevollmächtigte Vertreter des Präsidenten (*polpredy*) vorstehen, wird in der Literatur ähnlich zwiespältig beurteilt: Turovskij (2005) sagt, dass die personellen und finanziellen Ressourcen der polpredy extrem eingeschränkt seien, die Reichweite ihrer Kontrolle deshalb kaum über die Distrikthauptstadt hinausreiche und sie praktisch für alle Aktivitäten auf die Ressourcen der regionalen Exekutiven und Verwaltungen angewiesen seien, die sie eigentlich kontrollieren sollten. Mommsen (2004: 417) beobachtet, dass die Präsidentenvertreter selbst mehr und mehr in den Sog der regionalen Interessen geraten. Fish (2005: 65) berichtet hingegen von verschiedenen Fällen, in denen es die *polpredy* waren, die im Zusammenhang mit Wahlen Druck auf die regionalen Exekutiven, Verwaltungen und Sicherheitsdienste ausübten, weshalb sich eine genauere Untersuchung ihrer Einflussbereiche lohnt. Auch schon vor den Föderalimusreformen war der Zentralstaat durch eine Vielzahl von Behörden in den Regionen präsent. So haben die meisten Ministerien ihre regionalen Filialen und beschäftigen in der Provinz insgesamt bedeutend mehr Mitarbeitende als in Moskau (Kusez und Nelson 2003: 514). Diese Büros waren lange Zeit unter Einfluss der Gouverneure und nur unter ungenügender Kontrolle des Zentralstaates, was sich teils durch die Einführung der *polpredy*, teils durch die Reaktionen der föderalen Ministerien auf diese neue Kontrollinstanz änderte: Die Generalstaatsanwaltschaft, das Justiz- und das Innenministerium errichteten ihrerseits Büros auf Distriktebene, die die föderale Autorität über ihre regionalen Abteilungen sicherstellen sollen. Nachdem die allgemeine Volkswahl der Gouverneure jedoch wieder abgeschafft worden war, erhielten die Gouverneure im Jahr 2005 gewisse Kompetenzen zurück, so die Leitung der regionalen Organe der föderalen Ministerien einschliesslich der bewaffneten Strukturen mit Ausnahme des Verteidigungsministeriums und des Inlandgeheimdienstes FSB (*Federal'naja služba bezopasnosti*, Schneider 2006: 15). Diesen Reformen liegen zwei Konfliktlinien zugrunde: eine erste liegt zwischen den Ministerien als Vertreter der föderalen Regierung auf der einen und den *polpredy* als Mitglieder der Präsidialverwaltung auf der anderen Seite (Kusez und Nelson 2003: 514) und eine zweite entspricht dem alten Konflikt zwischen dem Einflussbereich der Gouverneure und dem der föderalen Organe (Turovskij 2003: 84 f.). Durch die Ernennung der Gouverneure durch den Präsidenten erhielten diese jedoch auch eher den Charakter von „föderalen Beamten“ (Schneider 2006: 15), weshalb diese Konkurrenz vielleicht heute mit dem Konflikt zwischen der Präsidialverwaltung und der Regierung zusammen fällt. Neben den *polpredy* ist die Präsidialverwaltung durch die föderalen Hauptinspektoren (*glavnye federal'nye inspektora*) vertreten. Die regionalen Abteilungen des Inlandgeheimdienstes FSB, sowie andere Sicherheitsorgane wie die Miliz unterstehen dem Innenministerium oder dem Ministerium für aussergewöhnliche Situationen und Beseitigung der Folgen von Naturkatastrophen. Die Sicherheitsakteure fühlen sich durch den wachsenden Einflussbereich des Zentralstaates gestärkt und spielen zunehmend eine politische Rolle (Turovskij 2003, Mommsen 2004: 416). Ungeachtet der Bemühungen mancher Regierungsabteilungen wird der neue Einfluss des Zentralstaates in den Regionen vor allem der Präsidialverwaltung zugeschrieben (Turovskij 2003: 80). Gegenüber den andern regionalen und lokalen politischen Institutionen wie den Legislativversammlungen, den Bürgermeistern von grossen Städten und den lokalen Selbstverwaltungen ist jedoch der Einfluss des Gouverneurs weiterhin bedeutend, wenn auch nicht frei von traditionellen Konflikten (ebenda, Mommsen 2004: 417). Für die Analyse von Wahlinstitutionen ist richtungsweisend, dass die Gouverneure mit den ihnen zur Verfügung stehenden politischen und administrativen Ressourcen gewöhnlich den Wahlsieg für ihre eigene oder die bevorzugte Machtpartei auf regionaler und lokaler Ebene sichern können (Turovskij 2003: 81). Als die wichtigste Ressource wird die Kontrolle der Gemeindeverwaltungen bezeichnet (Turovskij 2005). Der erste Stellvertreter des Gouverneurs setzt dabei häufig die Entscheide des Gouverneurs in Umgehung der zuständigen politischen Organe auf lokaler Ebene direkt in die Tat um (Chirikova und Lapina 2001: 385).

Eine dritte von Putin angestrebte und teilweise erfolgte Reform ist die Auflösung der Autonomen Kreise durch ihre Fusion mit den Föderationssubjekten, mit denen zusammen sie so genannte „kompliziert zusammengesetzte Regionen" bilden (Kusznir 2006: 2). Das föderale Gesetz, auf dessen Grundlage die Fusionen stattfinden, wurde schon im Jahr 2001 verabschiedet. Der Reformprozess dauert jedoch bis heute an, da das Zentrum erhebliche Mühe hatte, die Fusionen gegen den Willen einzelner starker und wohlhabender Autonomen Kreise durchzusetzen. Kusznir (2006: 3) bezeichnet die Abschaffung der direkten Volkswahl der Gouverneure und die Neuregelung des regionalen Finanzausgleich in diesem Zusammenhang als neues Druckmittel des Zentrums, welches den Prozess anzutreiben vermochte. Diese Reform illustriert also den realpolitischen Einfluss mancher Gouverneure, stützt jedoch auch die Annahme, dass das Zentrum im Zuge der Föderalismusreformen an Durchsetzungskraft gewonnen hat.

Diese verschiedenen Konfliktursachen zeigen, von welchen Akteuren angenommen werden kann, dass sie an Verhandlungen über die föderale Umverteilung und die Neuregelung der föderalen Strukturen im Allgemeinen teilnehmen können. Da viele der Föderationssubjekte trotz den umfassenden Reformen ihre Politik immer noch relativ selbstständig und nicht immer im Einklang mit der föderalen Verfassung gestalten, könnte die Regel „loyalty in exchange for non-intervention" (Gel'man et al. 2003: 34) Hinweis auf eine weitere Sanktionsmöglichkeit seitens des Zentrums geben: Wird die politische Unterstützung verweigert, könnten schmerzende Reformen der politischen Systeme dank den Verfassungs- und Gesetzesänderungen vom Zentralstaat wenn nötig auch auf dem Rechtsweg durchgesetzt und so widerspenstige regionale Eliten zum Einlenken gebracht werden (vgl. Kusznir 2006). Stanovaja (2006) stützt diese Annahme und bringt die Machtpartei ins Spiel, indem sie annimmt, dass die Macht der Gouverneure in erster Linie von ihren Beziehungen zur Partei ER abhänge. Loyalität zum Zentrum könnte also heute für die Regionalpolitiker die Unterstützung der aktuellen Machtpartei bedeuten.

> *Hypothese 1:* Falls der Wahlerfolg der Partei ER auf ihren Erfolg bei der Elitebindung zurückzuführen ist, dann gewinnt ER in den Föderationssubjekten höhere Stimmenanteile, in welchen folgende Akteure mit der Partei kooperieren: die Vertreter in den Provinzen von (1) der föderalen Regierung einschliesslich der Sicherheitsdienste; von (2) der Präsidialverwaltung; (3) die Gouverneure; (4) die regionalen Exekutiven.

4.1.3. Föderalismus und Wirtschaftsregulierung

Was die Wirtschaftsregulierung betrifft, so wurde die russische Volkswirtschaft nach dem Zusammenbruch der Sowjetunion radikal liberalisiert und viele Unternehmen wurden privatisiert. Ein verbreitetes Argument war in der Transformationsforschung lange, dass die Gleichzeitigkeit von sozialem, politischem und wirtschaftlichem Umbau die Entwicklung von demokratischen Regimes in den ehemals kommunistischen osteuropäischen Staaten erschwere (Merkel 2007: 413 f.). Viele der ost- und mitteleuropäischen Staaten waren trotzdem und im Gegensatz zur RF überraschend schnell erfolgreich. Fish (2005: 3) argumentiert, dass die wirtschaftliche Liberalisierung in Russland nicht weit genug gegangen sei, als dass sie ein offenes politisches Regime hätte fördern können. Dies weil die beiden profitabelsten Wirtschaftssektoren, der Rohstoffhandel und die Finanzen, in die Hände einiger weniger finanzindustrieller Gruppen geraten seien, die eng mit der zentralstaatlichen Verwaltung zusammenarbeiteten (vgl. auch Gel'man et al. 2003: 56). Der Ressourcenreichtum des Landes ist faktisch trotz Privatisierung unter der Kontrolle des Zentralstaates geblieben. Import- und Exportzölle auf Erdöl und Erdgas sowie Verbrauchssteuern für diese Rohstoffe gehen an den Zentralstaat (Hanson 2006: 201). Ebenso sind das Eisenbahn- und das Strassennetz, sowie die Verteilungssysteme von Öl, Gas und Elektrizität nach wie vor zentralstaatliches Eigentum (Chirikova und Lapina 2001: 392). Die politische Bedeutung dessen zeigt der Vorfall, dass die Abschaltung der Energieversorgung in einer ganzen Provinz im Wahlkampf 1999 dazu diente, den Gouverneur zur Unterstützung der neuen Machtpartei *Edinstvo* zu zwingen (ebenda: 395). Wenn finanzindustrielle Gruppen mit engen Beziehungen zum Zentralstaat die wichtigsten regionalen Unternehmen und damit das wirtschaftliche Wohlergehen einer Provinz kontrollieren, können sie den regionalen Regierungen ihre politischen Wünsche aufzwingen, die auch den Wahlausgang betreffen können (Gel'man et al. 2003: 61).

Diese Machtverhältnisse sind indirekte Folgen der Privatisierung und führten zu einem Konflikt zwischen dem Zentralstaat und den Regionen, dessen Gründe Gel'man et al. (2003: 56) mit „a federalization of the profits and a regionalization of the losses“ beschreiben. In den 1990er Jahren entstanden vor dem Hintergrund solcher Probleme inter-regionale Handelsbarrieren und regional sehr unterschiedliche Wirtschaftsregime (Hanson 2006: 194). Heute haben solche subnationale Wirtschaftsgemeinschaften ihre Funktion wieder eingebüsst, weil sie entweder unter der völligen Kontrolle der *polpredy* stehen oder von diesen erfolgreich am Funktionieren gehindert werden. Somit wurde auch die Regulierung der Privatwirtschaft wieder stärker in den Einflussbereich des Staates, genauer der Präsidialverwaltung, gebracht (Kuzes und Nelson 2003: 511 f.). Die Einbindung von privatwirtschaftlichen Akteuren könnte für die Partei ER insofern entscheidend sein, als dass eine unabhängige Privatwirtschaft in der Konsolidierungstheorie als die Voraussetzung für eine vom Staat unabhängige politische Gesellschaft angesehen wird (Linz und Stepan 1996: 7ff.). Die Einbindung von Unternehmer- und Arbeitnehmerverbänden in die Parteigremien könnte verhindern, dass die regionale Wirtschaft ihre staatsunabhängigen Mittel in andere politische Kräfte investiert und deshalb dem Wahlerfolg zuträglich sein. Mit den staatlichen Eingriffen in die Wirtschaft zur Bekämpfung der Auswirkungen der weltweiten Wirtschaftskrise im Herbst 2008 gewinnt die staatliche Wirtschaftsregulierung noch mal an Bedeutung: „Die Krise wird auf jeden Fall das ohnehin schon übermässig hohe Niveau staatlicher Kontrolle über die russische Wirtschaft, das für deren

Effizienz und Wachstum (...) nichts Gutes ahnen lässt, weiter anheben“ (Rutland 2008: 5). Obwohl diese Eingriffe in Russland im Fall einer Rezession eher destabilisierende Folgen haben könnten als anderswo, wird hier an der Annahme festgehalten, dass eine stärkere Wirtschaftsregulierung der Machtpartei die Kontrolle der Wahlen 2007 erleichterte, da diese vor der spürbaren Verschlechterung der Wirtschaftslage in Russland stattfanden und Magaloni (2006: 32) das Wirtschaftswachstum als den Hauptgrund für den Wahlerfolg des Putin-Regimes betrachtete.

Als letztes Element der hier diskutierten Wirtschaftsregulierung dient ein Beispiel, indem die Exekutive in die regionale Volkswirtschaft eingriff. Das Beispiel aus dem Wahlkampf 2007 kann gleichzeitig als subtiler Grenzfall einer zwar legalen, aber vielleicht unmoralischen Verwendung von politischen Ressourcen dienen: *Sergej Katanandov*, Präsident der autonomen Republik Karelien, hat knapp zwei Monate vor der Wahl mit den wichtigsten Nahrungsmittelproduzenten und Grosshändlern einen Vertrag abgeschlossen, in dem sich diese verpflichteten, die Preise auf Nahrungsmittel bis Ende Dezember 2007 einzufrieren. Im Gegenzug wurden ihnen Subventionen, verbilligte Elektrizität, Steuerermässigungen und günstige Kredite versprochen, was die Produktionskosten erheblich senkte (Golos 2007a: 9 f.). Am 22. Oktober 2008 folgte der Kreml Katanandovs Beispiel und verpflichtete die Lebensmittelproduzenten und Handelsketten der ganzen Föderation dazu, die Preise auf Grundnahrungsmittel einzufrieren (Hartmann 2007, Orttung 2008). Dieses staatlich verordnete und subventionierte Kartell stellte kurzfristig die Konsumenten besser, die im Wahljahr unter einem Anstieg der Nahrungsmittelpreise von um die 20 Prozent litten. Wenn man bedenkt, dass Wahlberechtigte die wirtschaftliche Entwicklung besonders an der Preisentwicklung festmachen und die jüngsten Erfahrungen für den Wahlentscheid am prägendsten sind (Arzheimer und Schmitt 2005: 283), muss diese Preisregulierung als Wahlkampfaktion bewertet werden. Bei der Wirtschaftsregulierung spielen also auch die in Hypothese 1 identifizierten Akteure eine wichtige Rolle.

Die Fragen zur Identifikation informeller Institutionen (Helmke und Levitsky 2004: 733) ergeben Folgendes: Föderal operierende Unternehmen des Finanz- und des Energiesektors müssen nur vom Zentralstaat Sanktionen befürchten und arbeiten deshalb mit dessen Behörden zusammen. Die Regionalpolitiker erwarten Vorteile für die regionale Wirtschaft, wenn sie mit den Wirtschaftsakteuren politisch kooperieren. Besonders verletzlich sind hierbei wohl Regionen, die ihr Auskommen vor allem natürlichen Rohstoffen verdanken, sowie Regionen, die im föderalen Umverteilungssystem zu den Nehmern zählen. Nun stellt sich bezüglich dieser Schlüsselunternehmen wie auch bezüglich der die Privatwirtschaft regulierenden Wirtschaftsverbände sowie der regionalen und föderalen Wirtschaftspolitik die Frage, inwiefern sich die Partei ER diese Abhängigkeiten zunutze machen kann, um die Stimmengewinne in den Provinzen zu fördern.

> *Hypothese 2:* Falls der Wahlerfolg der Partei ER auf ihren Erfolg bei der Elitebindung zurückzuführen ist, dann gewinnt ER in den Föderationssubjekten höhere Stimmenanteile, in denen folgende Akteure der Wirtschaft mit der Partei kooperieren: (1) die Vorsitzenden von Wirtschaftsverbänden; (2) die leitenden Angestellten von Unternehmen in den Schlüsselsektoren Energie (Öl, Gas, Kohle) und Finanzen.

4.2. Die formellen Institutionen des politischen Wettbewerbs

Die zentrale Aussage von Way (2005) und Magaloni (2006) ist, dass eine Hegemonialpartei die formellen Institutionen erst zu ihrem eigenen Nutzen umbauen kann, wenn sie in Wahlen genügend grosse Mehrheiten gewonnen hat (siehe 3.1.1). Im Fall der ER wird trotz ihrer theoretisch hohen Stimmengewinne bezweifelt, dass sie die formellen Institutionen zu ihrem Vorteil nützen kann und nicht umgekehrt von Akteuren in diesen benützt wird (siehe 3.2.3). Deshalb werden die formellen Institutionen des politischen Wettbewerbs in der RF dahingehend untersucht, welche Akteure die Partei einbinden müsste, um ihre Stimmengewinne positiv zu beeinflussen.

4.2.1. Das Wahl- und das Parteisystem

Die formellen politischen Institutionen, durch welche die individuellen Wahlentscheide in die Sitzverteilung im Parlament und die Besetzung von Exekutivämtern umgewandelt werden, sind das Wahl- und das Parteisystem. Die Grundlagen für diese Institutionen sind in verschiedenen Gesetzen[9] festge-

[9] Das Wahlrecht ist vom Gesetz *Über die Grundgarantien des Wahlrechts und des Teilnahmerechts an Volksabstimmungen* geregelt; die Wahlen ins Unterhaus des

schrieben, da die Verfassung die Wahlen nicht regelt (Mommsen 2004: 387). Der russische Jurist *Ljubarev* (Nacional'nyj centr monitoringa demokratičeskich procedur 2008: 4 ff.) fasst die Entwicklung der Wahl- und Parteigesetzgebung in der RF wie folgt zusammen: Seit das erste Wahlgesetz 1994 in Kraft getreten ist und bis zum Jahr 2004 seien sich dessen Grundprinzipien gleich geblieben. Ab dem Jahr 2005 und damit mit erstmaliger Wirkung bei den Dumawahlen im Dezember 2007 erfuhr das System bedeutende Änderungen: Die Mindestanzahl an Mitgliedern und Regionalsektionen als Registrierungsvoraussetzung für politische Parteien wurde erhöht; die Verhältniswahl wurde für alle 450 Sitze der Duma eingeführt (bis anhin wurde die Hälfte der Sitze in Einerwahlkreisen vergeben) und die Sperrklausel wurde von fünf auf sieben Stimmenprozente erhöht; Parteien müssen für die Registrierung ihrer Kandidaten weiterhin wahlweise Unterschriftenlisten vorlegen oder einen Geldbetrag hinterlegen, neu dürfen aber nur noch höchstens 5 statt 25 Prozent der Unterschriften ungültig sein; die Möglichkeit, gegen alle Kandidaten oder Listen zu stimmen sowie eine minimale Höhe der Wahlbeteiligung als Gültigkeitsvoraussetzung der Wahl wurden abgeschafft; Wahlbeobachter von unpolitischen zivilgesellschaftlichen Organisationen und von Parteien, die nicht an den Wahlen teilnehmen, haben keinen Zutritt mehr zu den Wahllokalen; schliesslich ist von Bedeutung, dass hohe Beamte und Regierungsmitglieder sich im Falle einer Kandidatur für ein politisches Amt für die Zeit der Wahlkampagne nicht mehr beurlauben lassen müssen. Im August 2005 trat zudem ein Verbot von sogenannten 'Wählerblocks' (*izbiratel'nye bloki*) in Kraft, weshalb politische Parteien nicht mehr mit anderen Parteien oder zivilgesellschaftlichen Organisationen Listenverbindungen eingehen dürfen (Borisov und Zaslavskij 2005: 105). „Diese Änderungen haben zu einem scharfen Rückgang der Zahl der politischen Parteien geführt" schreibt Ljubarev (Nacional'nyj centr monitoringa demokratičeskich procedur 2008: 4)[10]. Wilson

---

föderalen Parlaments vom Gesetz *Über die Wahlen der Abgeordneten in die Staatsduma*; die Parteiregistrierung vom Gesetz *Über politische Parteien*. Die Rolle von politischen Parteien wird auch vom Gesetz *Über die Regierung der Russischen Föderation* und vom Gesetz *Über die allgemeinen Prinzipien der Organisation der staatlichen legislativen und exekutiven Organe in den Subjekten der Russischen Föderation* beeinflusst (Wilson 2006, siehe auch Anhang II).

10 2007 waren fünfzehn Parteien für die Dumawahl registriert (CIK, URL: http://www.cikrf.ru/elect_duma/politpart/party_tabl.jsp, Stand vom 31.01.2008); 2003 konnten sich 44 Parteien registrieren lassen; 1999 waren es 139 Bürgerverei-

(2006) sieht darin keinen Grund für Zweifel am demokratischen Charakter der Gesetzgebung. Beide Analytiker kommen jedoch zum Schluss, dass die Wahl- und Parteigesetzgebung nicht – wie die Gesetzautoren vorgaben – die Rolle von politischen Parteien im Allgemeinen stärkt, sondern nur föderale, wählerstarke und vor allem Parteien mit Parlamentssitzen bevorteilt. Letzteres, weil Parteien erstens staatliche Subventionen pro Dumasitz erhalten (Wilson 2007) und zweitens, weil Parteien mit Vertretung im Parlament von der Unterschriftensammlung oder Geldhinterlegung für die Teilnahme an den nächsten Wahlen befreit werden. Mit den Worten Korgunjuks (2007a): „Die neuen formellen Institutionen erleichtern der Machtpartei das Leben maximal, während sie es den Oppositionsparteien gleichzeitig maximal erschweren" (vgl. auch Smyth et al. 2007). Durch das Verbot von Listenverbindungen und mit dem Ausschluss von Wahlbeobachtern von zivilgesellschaftlichen Organisationen oder nicht an der Wahl teilnehmende Parteien wird die Zivilgesellschaft von den Wahllokalen ferngehalten, wodurch diese wichtige Möglichkeiten einbüsst, die Wahlbehörden und die zugelassenen Parteien zu kontrollieren. Wie Wahlbeobachtungsberichte zeigen, wurde diese Gesetzesänderung bei den Wahlen im Dezember 2007 insbesondere auch bei der Wegweisung oder sogar Inhaftierung von Journalistinnen angewandt (Golos 2007b). Die Wahlbeobachtungsorganisation weist jedoch darauf hin, dass die Partei ER zwar in fast 90 Prozent der besuchten Wahllokale mit Beobachtern vertreten war, dass jedoch in keinem Wahllokal nur Beobachter von ER anwesend waren (Golos 2007c).

4.2.2. Die Wahlkommissionen

Für die Durchführung und Überwachung der Wahlen sind die Zentrale Wahlkommission der Russischen Föderation (*Central'naja Izbiratel'naja Kommissija Rossijskoj Federacii*, CIK), 86 regionale Wahlkommissionen (*Regional'nye Izbiratel'nye Kommissii*, RIK), 2750 sogenannte territoriale Wahlkommissionen (*Territorial'nye Izbiratel'nye Kommissii*, TIK) in grossen Städten und gegen 100'000 Kommissionen auf Wahlkreisebene (*Učastkovye Izbiratel'nye Kommissii*, UIK) zuständig (Nacional'nyj centr monitoringa demokratičeskich

nigungen; 1995 waren es 273 Bürgervereinigungen; 1993 waren es 167 Bürgervereinigungen (Wilson 2006: 329).

procedur 2008: 8). Je fünf der fünfzehn Mitglieder der Zentralen Wahlkommission werden vom Präsidenten, von der Duma und vom Föderationsrat, dem Oberhaus des russischen Parlaments, eingesetzt. Die CIK ernennt ihrerseits zwei Mitglieder für jede regionale Kommission, die restlichen werden je zur Hälfte vom Vorsitzenden der regionalen Exekutive und von der regionalen gesetzgebenden Versammlung ernannt. Die Mitglieder der TIK und UIK werden schliesslich von den regionalen Kommissionen ernannt. Die Gemeindepolitiker haben also nicht nur kaum eigene Ressourcen (siehe 4.1.1), sondern auch keinen Einfluss auf die Zusammensetzung der Wahlkommissionen für ihren Wahlkreis. Deshalb ist es sehr unwahrscheinlich, dass sie unabhängig von der regionalen Verwaltung Einfluss auf das Wahlergebnis nehmen können. Da der Präsident seit 2004 die Gouverneure ernennt und auch vor Ablauf ihrer Amtszeit entlassen kann (Wilson 2006: 337), hat er nicht nur Einfluss auf die Zusammensetzung der CIK, sondern indirekt auch auf die der regionalen Wahlkommissionen. Trotz Regelungen, die die Anzahl der Parteimitglieder in den Wahlkommissionen beschränken und die Ernennung von amtierenden Beamten verbieten, können sowohl die Partei ER als auch die regionalen Exekutiven in den Wahlkommissionen grossen Einfluss ausüben: Die Partei, weil sie die Mehrheit in den meisten Legislativen hat[11] und somit bei der Bestellung der Wahlkommissionen in der Legislative mitredet oder als Mehrheit entscheidet; die Exekutive, weil häufig ehemalige Beamte oder ehemalige Mitarbeiter von Polizei und Sicherheitsdiensten sowie Vorsitzende von staatlichen Unternehmen und öffentlichen Einrichtungen in die Kommissionen gewählt werden (Nacional'nyj centr monitoringa demokratičeskich procedur 2008: 9, Fish 2005: 30, 44).

Die Wahlkommissionen sind sowohl für die Registrierung von Parteien als auch von Kandidaten- und Wählerlisten zuständig. Beschwerden gegen ihre Entscheide können ans Oberste Gericht weiter getragen werden, welches dann in letzter Instanz über eine Registrierung entscheiden kann (OSCE/ODIHR 2004a: 17, Popova 2006). Die Richter werden vom Föderati-

11 Zum Zeitpunkt der Dumawahlen 2007 hatte ER in den Parlamenten folgender sechs Provinzen keine Mehrheit: *Neneckij* AO, *Stavropol'skij* K, *Altajskij* K, *Korjakskij* AO; in *Amurskaja* O und *Sachalinskaja* O hatte die Machtpartei gar nur einen Sitzanteil von weniger als zwanzig Prozent (CIK, URL: http://www.izbirkom.ru/region/izbirkom, Stand vom 22.06.2008).

onsrat auf Vorschlag des Präsidenten für eine Amtszeit von zwölf Jahren ernannt (Mommsen 2004: 413). Die unter 2.1 zitierten Untersuchungen von Popova (2006) und Golosov (2006) zeigten die häufig parteiische Rolle der Gerichte (vgl. auch Fish 2005: 66). Was die Wählerlisten betrifft, so werden russische Staatsangehörige, sobald sie die Volljährigkeit erreichen, von den Wahlkommissionen automatisch in die Wählerlisten aufgenommen und bei Wegzug oder im Todesfall wieder gestrichen. Das aktive wie das passive Wahlrecht in der Russischen Föderation ist allgemein, unterliegt jedoch faktischen Einschränkungen. Im Vorfeld der Wahlen 2007 mehrten sich Meldungen über Vorfälle, bei denen Kandidaten ihre russischen Pässe mit der Begründung entzogen wurden, diese seien ihnen fälschlicherweise ausgestellt worden und sie seien nicht Staatsangehörige der RF, weshalb sie auch kein Recht hätten, zu kandidieren (Golos 2007a: 4). Urheber der Entzugsverfahren war das Föderale Amt für Migration (*Federal'naja migracionnaja služba*), eine Abteilung des Innenministeriums. In Bezug auf das aktive Wahlrecht sind keine ähnlichen Fälle bekannt. Bei den Präsidentenwahlen 2004 und bei den Parlamentswahlen 2007 wurden jedoch in Wählerlisten demographisch unerklärbare Veränderungen entdeckt, die auf Manipulationen zurückgeführt werden (Fish 2005: 39 f., Nacional'nyj centr monitoringa demokratičeskich procedur 2008: 35). Was die Registrierung von Parteien und Kandidatenlisten betrifft, so haben die Wahlkommissionen anhand legaler und grösstenteils demokratietheoretisch legitimer Kriterien über deren Zulassung zu bestimmen (Wilson 2006: 316 ff.). In der Literatur finden sich jedoch zahlreiche empirische Belege dafür, dass Registrierungen und deren Verweigerungen in regionalen Wahlen schon mehrfach in Wettbewerbsvorteile für ER umgemünzt wurden (Golosov 2006, Makarkin 2006), und dass die Registrierung von Kandidatenlisten von Oppositionsparteien auch auf föderaler Ebene von illegalen Anforderungen – wie zum Beispiel der Streichung bekannter und bewährter Politiker von der Parteiliste der liberalen Union der Rechten Kräfte (*Sojuz Pravih Sil*, SPS) – von Seiten des Kremls abhängig gemacht wurden (Kynev 2007). Aufschlussreich ist der Fall der Volksunion (*Narodnyj sojuz*), der die Registrierung mit der Begründung verweigert wurde, zu viele der vorgelegten Unterschriften seien ungültig. Die Partei wandte sich mit der Klage ans Oberste Gericht, dass die Entscheidung in der CIK von einer Arbeitsgruppe für Unterschriftenprüfung getroffen wurde, die vom Vorsitzenden der

Wahlkommission eigenmächtig und ohne gesetzliche Grundlage gebildet worden sei und welche die mit der Unterschriftenprüfung betrauten Experten nicht konsultiert habe (Golos 2007a: 3). Innerhalb der Zentralen Wahlkommission tritt also ihr Vorsitzender als Akteur in den Vordergrund. Die Berichte über Unregelmässigkeiten bei der Arbeit von Wahlkommissionen sind auch deshalb so stossend, weil es kaum wirkungsvolle Möglichkeiten gibt, die Wahlkommissionen juristisch zu belangen. Zwar sind mögliche Verstösse gesetzlich erfasst, es sind jedoch erstens keine Bestrafungen für Wahlkommissionsmitglieder vorgesehen und zweitens kann sich ein Wahlkommissionsmitglied, das Verstösse von Kollegen beobachtet, nicht an ein Gericht wenden, da Wahlkommissionen kollegiale Behörden sind, die nur geschlossen eine Klage einreichen können (Kiričenko 2008).

Die beschriebenen Vorkommnisse bei der Parteiregistrierung zeigen, dass von Parteien nicht nur erwartet wird, dass sie die legalen (formellen) Registrierungskriterien erfüllen, sondern auch, dass sie informellen Anforderungen nachkommen. Betroffen sind auf der einen Seite die Parteien und es stellt sich die Frage, ob der Entzug der russischen Staatsbürgerschaft als Sanktion im Rahmen einer ähnlichen informellen Regel für Kandidierende interpretiert werden muss. Auf der andern Seite stehen die Wahlkommissionen als mächtige Akteure da, die mit der Registrierungsverweigerung über ein einseitiges Sanktionsinstrument verfügen. Hier stellt sich die Frage nach deren Eigeninteressen an der Wahlteilnahme bestimmter Parteien oder Kandidaten und ob es nicht plausibler ist anzunehmen, dass sie unter Einfluss von politischen Akteuren mit entsprechenden Interessen stehen. Die Ernennungsinstanzen könnten beispielsweise Druck auf die Wahlkommissionsmitglieder ausüben. Da jedoch die Parteimitgliedschaft von Wahlkommissionsmitgliedern gesetzlich beschränkt ist und die Partei ER in kaum einer Kommission offiziell vertreten ist, lässt sich ihr möglicher Einfluss nicht auf diese Art messen. Deshalb wird keine quantitative Hypothese zum Einfluss der Parteibindung der Wahlkommissionsmitglieder aufgestellt. Die vorliegende Untersuchung konzentriert sich in Bezug auf die formellen Wahlinstitutionen auf die Analyse der zentralen Parteiorgane und deren Vertretung in entscheidenden politischen Institutionen wie Regierung, Präsidialverwaltung, Parlament, Justiz und den Wahlkommissionen.

4.3. Hinweise auf informelle Institutionen

Wie im Theoriekapitel erläutert wurde, gewinnen informelle Institutionen bei der Analyse des politischen Wettbewerbs in Autokratien an Bedeutung, weil die formellen Institutionen erstens als endogenes Element der Wahlgewinne betrachtet werden und weil die informellen Institutionen zweitens die Wirkungsweise formeller Institutionen verändern können (siehe 3.1). Drittens spielen informelle Institutionen in Transformationsphasen allgemein und in der Russischen Föderation im Besonderen eine entscheidende Rolle (Gel'man 2004, Rimsky 2004). Es gibt viele Beobachtungen, die auf informelle Institutionen hinweisen, wie sie Magaloni im Modell des Bestrafungsregimes beschreibt. Empirische Untersuchungen entsprechender Regelmässigkeiten, wie sie Magaloni (2006) für Mexiko liefert, sind der Autorin jedoch keine bekannt. Im Folgenden werden die in Wahlanalysen berichteten Unregelmässigkeiten dahingehend untersucht, ob angenommen werden kann, dass sie die Kriterien für informelle Institutionen erfüllen (siehe 3.1.2). Da dieses Vorgehen induktiv ist (siehe 3.3.2, Fish 2005: 31 f.) und nicht alle herbeigezogenen Analysen alle Föderationssubjekte der Russischen Föderation betreffen, können keine Aussagen über die Verbreitung identifizierter Institutionen gemacht werden. Das Vorgehen lässt sich rechtfertigen, da es zur Bildung von Hypothesen dient, die anschliessend in einer quantitativen und vergleichenden Analyse überprüft werden.

4.3.1. Druck auf Politiker und Beamte

Weit verbreitet scheinen in der RF klientelistische 'Bestrafungsketten' zu sein: Von oberster Stelle werden über Politiker und Beamte niedrigerer Hierarchien Anweisungen weitergegeben, die schliesslich die Wahlberechtigten betreffen. Da die politische Macht in den Föderationssubjekten in den Exekutiven konzentriert ist (Gel'man et al. 2003: 52), die Gouverneure und Präsidenten der Provinzen jedoch mittlerweile vom Präsidenten der Föderation eingesetzt und zusätzlich von den *polpredy* kontrolliert werden, ist ihre Abhängigkeit vom Präsidenten und damit der Druck, dessen Forderungen zu entsprechen, gewachsen (Turovskij 2003 und 2004c). Orttung (2008: 12) beobachtet, dass die Gouverneure, die nun faktisch Teil der Präsidialverwaltung sind, auch mehr Möglichkeiten haben, innerhalb der Administration für eigene Interessen zu werben und im Vergleich mit den Bürgermeistern und den regionalen Legislativen an Macht gewonnen haben. Die Wahlbeobachtungsorganisation *Golos* berichtet aus einem Drittel der beobachteten Regionen „gesetzeswidrige Agitation zum Nutzen bestimmter Parteien durch Vertreter der Exekutiven, Mitarbeiter der Miliz oder durch Mitglieder der Wahlkommissionen“ (Golos 2007a: 2). Als Beispiel, wie Politiker höherer Ebenen die Forderung nach entsprechenden Wahlergebnissen an die ihnen untergebenen Beamten und Politiker weitergeben, dient häufig die Republik Tatarstan: Präsident *Mintimer Šaimiev* hatte im Wahlkampf 2000 eine Sitzung der Vorsitzenden der lokalen Selbstverwaltungen einberufen und diesen ausdrücklich gedroht, dass er verantwortliche Beamte und Politiker, deren Wahlkreise nicht das vom Kreml 'bestellte' Resultat erbringen würden, nach der Wahl entlassen werde (Fish 2005: 56). Šaimiev machte dabei keinen Hehl daraus, dass er nicht durch persönliche politische Präferenzen für Putin, sondern durch die notwendige Loyalität zum Kreml motiviert sei, was mit Angst vor Sanktionen erklärt werden kann. Der Verdacht auf informelle Institutionen lässt sich bestätigen: Politiker erwarten Loyalität, betroffen sind Akteure, die von politischen Akteuren eingesetzt (Gouverneure vom Präsidenten) oder angestellt (regionale und kommunale Beamte) werden. Als Sanktion stehen Absetzung oder Kündigung zur Verfügung. Wenn solche Interaktionen zwischen Akteuren verschiedener Hierarchiestufen systematischen Charakter haben, muss angenommen werden, dass auch die Wahlkommissionen nicht vor politischem Druck gefeit sind. Fish (2005: 33 ff.) gelingt es mit einer Analyse der Veränderung der öffentlich bekannt gegebenen Wahlresultate auf ihrem Weg aus den UIK über die TIK und RIK in die Zentrale Wahlkommission zu zeigen, dass die Resultate erst in den oberen Instanzen massiv gefälscht wurden. In diesem Zusammenhang wirkt die Beobachtung von *Golos* verdächtig, dass am 2. Dezember 2007 verschiedentlich Mitglieder höherer Wahlkommissionen bei der Stimmenauszählung durch die zuständige Wahlkommission (UIK) anwesend waren (Golos 2007c: 3). Bei der Analyse der zentralen Parteiorgane muss also deren Beziehungen zu den CIK und ihrer Ernennungsinstanzen untersucht werden.

4.3.2. Anreize für Wählerinnen und Wähler

Nun können die für den Wahlgang verantwortlichen Beamten natürlich mit Hilfe von Wahlfälschungen ihre Ziele erreichen, was Wahlbeobachter aufgrund von intransparenten Vorfällen bei der Stimmenauszählung teilweise auch annehmen (OSCE/ODIHR 2004a,b, Nacional'nyj centr monitoringa demokratičeskich procedur 2008: 33 f.). Magaloni (2006: 5) geht jedoch davon aus, dass Autokraten ihre Wahlgewinne durch Betrug nicht erzielen, sondern 'nur' ihren Stimmenvorsprung ausbauen. Das scheint auf die RF zumindest für die Präsidentschaftswahl 2004 zuzutreffen, in der Putin die gefälschten Stimmen für einen Wahlsieg nicht benötigt hätte (Fish 2005: 33). Gemäss dem Modell des Bestrafungsregimes ist es ein effektiveres Mittel, die Wählerinnen und Wähler direkt durch informelle Anreize, die ihre Grundbedürfnisse betreffen, unter Druck zu setzen. Die Wahlbeobachtungsorganisation *Golos* hat „Aufträge an Bildungseinrichtungen und staatliche Unternehmen, dafür zu sorgen, dass die gesamte Belegschaft für eine bestimmte Partei stimmt“ und „Agitation in höheren Bildungseinrichtungen und staatlichen Unternehmen“ zusammen in zwei Drittel der untersuchten Föderationssubjekte beobachtet (Golos 2007a: 2). 'Wahlaufträge' können beispielsweise mit Kündigungsdrohungen verbunden werden, die nicht nur Politiker und Beamte betreffen. In *Baškortostan*, *Saratov*, *Rostov-na-Donu* und *Komsomolsk-na-Amure* wurden OSZE-Wahlbeobachter schon im Jahr 2003 Zeugen von entsprechendem Druck auf öffentliche Angestellte (OSCE/ODIHR 2004a: 13). Analytiker der Dumawahlen 2007 haben in diesen Zusammenhang ein neues Phänomen im Wählerverhalten entdeckt, das sie ebenfalls mit Druck auf Wählerinnen und Wähler erklären. Das russische Wahlgesetz sieht für Wahlberechtigte, die sich am Wahltag nicht in erreichbarer Nähe vom Wahllokal des Wahlkreises ihres ständigen Wohnsitzes befinden, die Möglichkeit vor, dass sie bis zwanzig Tage vor dem Wahltag bei den Wahlkommissionen eine Abwesenheitsbestätigung (*otkrepitel'noe udostoverenie*) anfordern können, die sie in einem Wahllokal ihrer Wahl zur Stimmabgabe berechtigt. Gemäss Erwartungen und Erfahrungen machen nicht viele der Berechtigten von dieser Möglichkeit Gebrauch, da das Dokument so früh beantragt werden muss und die Büros der zuständigen Wahlkommissionen in der weitläufigen russischen Provinz meist ziemlich weit vom Wohn- oder Arbeitsort entfernt sind (Nacional'nyj centr monitoringa demokratičeskich procedur 2008: 31). In den Parlamentswahlen 2007 wurden jedoch von den UIK rund doppelt so viele und von den TIK sogar viermal so viele Abwesenheitsbestätigungen ausgestellt als für die Parlamentswahlen 2003 und die Präsidentschaftswahlen 2004. Eine mögliche Erklärung ist, dass die Mobilität der russischen Bevölkerung ungeachtet der restriktiven Niederlassungsbestimmungen und der vielerorts herrschenden Wohnungsnot in den letzten Jahren stark gestiegen ist (Hanson 2006: 193). In Berichten von Wahlbeobachtern wird jedoch auch die Vermutung geäussert, dass die Stimmabgaben auf Grundlage von Abwesenheitsbestätigungen systematisch organisiert wurden: An verschiedenen Orten mussten staatliche Angestellte und Studentinnen ihrem Arbeitgeber bzw. der Universitätsleitung eine Abwesenheitsbestätigung vorlegen oder wurden von diesen illegal direkt mit solchen Dokumenten versorgt (Nacional'nyj centr monitoringa demokratičeskich procedur 2008: 31, Golos 2007a: 3, Novaja Gazeta 30.10.2007). Abwesenheitsbestätigungen ermöglichen die Kontrolle von Wahlbeteiligung und Stimmabgabe, da sie die Wählerinnen berechtigen, in einem Wahllokal ihrer Wahl zu wählen. Würden sie zur Wahl in ihre Heimatstädte fahren, hätten ihre Vorgesetzten kaum solche Kontrollmöglichkeiten. Nicht selten wurde deshalb der Wahlsonntag zum Arbeitstag erklärt (Nacional'nyj centr monitoringa demokratičeskich procedur 2008: 8), obwohl Wahltage von Gesetzes wegen in der Russischen Föderation staatliche Feiertage sind (Fish 2005). Zudem erschweren es Abwesenheitsbestätigungen für die Wahlkommissionen, innert nützlicher Frist zu überprüfen, ob Wahlberechtigte ihre Stimme schon einmal abgegeben haben. Eigentlich sollten Wahlberechtigte, die bei ihrer Wahlkommission eine Abwesenheitsbestätigung beantragen, aus der Wählerliste dieser Kommission gestrichen werden und bei der Stimmabgabe in die Liste der entsprechenden Kommission aufgenommen werden (Novaja Gazeta 30.10.2007). Da Wahlbeobachter keinen Einblick in Wählerlisten bekommen, kann die Streichung der Namen von Wahlberechtigten ebenso wenig überprüft werden, wie ob im Namen derselben Person mehr als eine Stimme abgegeben wurden. Erzwungene kollektive und mehrfache Stimmabgabe bei Vorlegung von Abwesenheitsbestätigungen wurde denn auch verschiedentlich beobachtet (Golos 2007b, Novaja Gazeta 30.10.2007). Unter den 18 Föderationssubjekten, in denen sich die Anzahl der ausgestellten Abwesenheitsbestätigungen im Vergleich mit den Wahlen

2003 um mehr als das zehnfache erhöht hat, liegen auffallend viele Republiken mit autoritärem Politikstil[12].

Neben den Wahlkommissionen (TIK und UIK), die die Abwesenheitsbestätigungen ausstellen, nehmen in diesem Phänomen auch gesellschaftliche Akteure wie Arbeitgeber in staatlichen Unternehmen und öffentlichen Einrichtungen eine aktive Rolle ein. Angestellte des Gesundheitswesens, Staatsangestellte, Militärdienstleistende und Studierende waren auch die Opfer anderer Formen von systematischem Zwang zur Wahlteilnahme oder in einigen Fällen sogar zur Stimmabgabe für ER: Dekane notierten sich in Wahllokalen, welche Studierenden zur Wahl erschienen, ähnlich verfuhren Vertreter von Immobilienverwaltungen, die sich alle Mieterinnen und Mieter notierten, die an der Wahl teilnahmen (Golos 2007b). Andernorts verlangten Studierende, dass die Wahlbehörden ihre Legitimationskarten abstempelten, die unter anderem bei Prüfungen vorgelegt werden muss, und Staatsangestellte verlangten eine schriftliche Bestätigung ihrer Wahlteilnahme „für den Arbeitgeber" (ebenda). In manchen Fällen wiesen Lehrer die Eltern ihrer Schülerinnen und Schüler an, Abwesenheitsbestätigungen zu beantragen und in bestimmten Wahllokalen zu wählen – andernfalls hätten ihre Kinder in der Schule die Konsequenzen zu tragen. Es sind Fälle bekannt, in denen Wählende angewiesen wurden, ihren Wahlzettel mit dem Kreuz für ER mit dem Mobiltelefon zu fotografieren und noch am Wahltag dem Arbeitgeber zu schicken, ebenso kursierten unter Wählerinnen und Wählern Gerüchte, die ansonsten vorschriftsgemäss eingerichteten Wahlkabinen seien mit Videokameras ausgestattet (Nacional'nyj centr monitoringa demokratičeskich procedur 2008: 32). Schon in früheren Wahlgängen und auch 2007 wurde beobachtet, dass auf weitere, von klientelistischen Beziehungen besonders abhängige Wählergruppen, Druck zur Stimmabgabe ausgeübt wurde: wie das Magaloni (2006:

12 In der Republik Tschetschenien wurden 543, also 58 Mal so viele Abwesenheitsbestätigungen wie 2003 ausgestellt (543), in der Republik *Komi* wurden 17'545, also 56 Mal mehr, in der Republik Chakasien 5807, also 52 Mal mehr. Doch auch manche *oblasti*, die in den 1990er Jahren als vergleichsweise kompetitiv galten, weisen überraschende Zunahmen in der Zahl der ausgestellten Abwesenheitsbestätigungen auf, bspw. die *Sverdlovksaja* O mit 50'736, Faktor 23 (Nacional'nyj centr monitoringa demokratičeskich procedur 2008: 31 f., CIK, URL: http://www.vybory.izbirkom.ru/region/region/izbirkom?action=show&root=1&tvd=100100021960186&vrn=100100021960181®ion=0&global=1&sub_region=0&prver=0&pronetvd=null&vibid=100100021960186&type=233, Stand vom 20.11.2008).

198) für Mexiko beobachtet, sind auch in Russland Landwirte für ihre Existenz häufig von Subventionen und materiellen Lieferungen wie Düngemittel, Futter, Brennholz und Ähnlichem abhängig, die durch staatliche Behörden oder die hierarchisch organisierte Agrarorganisation geliefert werden. Diese dürften nicht vor Forderungen nach Gegenleistungen politischer Art zurückschrecken (Gel'man et al. 2003: 60, Fish 2005: 55). Dasselbe gilt auch für Empfänger staatlicher Sozialleistungen, insbesondere von Alters- oder Invalidenrenten und Kindergeld. Die Akteursgruppe erweitert sich also um Akteure, die nicht im engsten Sinn staatliche Akteure sind, die jedoch einer öffentlichen Einrichtung vorstehen. Für die Interpretation der Resultate wird von Bedeutung sein, dass die Lohnpolitik im öffentlichen Sektor, die Sozialhilfe, die Zuteilung von Kindergeld, die Berufsbildung, die medizinische Grundversorgung und Landwirtschaftssubventionen in der Verantwortung der Föderationssubjekte liegen. Hochschulbildung, spezialisierte und teure medizinische Versorgung, Grundlagenforschung, die Rekrutierung für den Militärdienst, Lohnpolitik für föderale Angestellte sowie Subventionen für private Unternehmen mit Ausnahme der Landwirtschaft liegen in der Verantwortung der Föderation (Thiessen 2006: 214 f.). Die Rolle der Partei ER im Zusammenhang mit dem unlauteren Verhalten solcher gesellschaftlicher Akteure bei Wahlen bleibt in Berichten von Wahlbeobachtern (vgl. OSCE/ODIHR 2004, Golos 2007a, 2007b, Nacional'nyj centr monitoringa demokratičeskich procedur 2008) genauso wie in neueren wissenschaftlichen Wahlanalysen (Fish 2005) unerwähnt und offensichtlich ununtersucht. Bezüglich der Erwartungen der Akteure ist anzunehmen, dass sowohl Arbeitgeber in öffentlichen Einrichtungen, als auch Arbeitnehmende und Studierende von einer Wahlteilnahme und einer Stimmabgabe für die Machtpartei Vorteile erwarten. Dabei stehen den Arbeitgebenden die beschriebenen Sanktionsmöglichkeiten zur Verfügung. Wie bei den Wahlkommissionen stellt sich die Frage nach den Eigeninteressen dieser Akteure und ob allenfalls von höheren staatlichen Stellen, beispielsweise von denen, die über das Budget der Einrichtungen bestimmen, Druck ausgeübt wird.

Hypothese 3: Falls der Wahlerfolg der Partei ER auf ihren Erfolg bei der Druckausübung auf Wahlberechtigte zurückzuführen ist, dann erzielt ER in den Föderationssubjekten höhere Stimmengewinne, in welchen folgende Akteure mit der Partei kooperieren: (1) leitende Angestellte von öffentlichen Einrichtungen (Bildungs- und Gesundheitswesen); (2) leitende Angestellte staatlicher Betriebe.

Die vorliegende Arbeit will den Einfluss der Elitebindung auf die Stimmengewinne der Machtpartei untersuchen. Obwohl die Art und Weise, wie Wahlberechtigte in ihrem Wahlentscheid beeinflusst werden können, auch stark von ihren persönlichen Eigenschaften abhängt, wird dieser Zusammenhang hier nicht untersucht. Die Überlegungen, dass gewisse Gruppen wie Bauern, die ländliche Bevölkerung, Rentenbezüger etc. stärker verwundbar sind, werden jedoch in Form von Kontrollvariablen in die statistische Analyse einbezogen, damit der Einfluss der Elitebindung nicht überschätzt wird. Die Rolle der Sicherheitskräfte wird in Wahlbeobachtungsberichten ebenfalls auffallend häufig diskutiert. Insbesondere Mitarbeiter der Miliz und Angehörige des Inlandgeheimdienstes FSB waren zuständig für einige Vorkommnisse während des Wahlkampfs wie der Konfiszierung des gesamten Propagandamaterials der Partei SPS und einiger Publikationen der KPRF (Golos 2007a: 7f.). Das ist ein Zeichen für die sehr eingeschränkte Informationsfreiheit und nicht für Klientelismus als informelle Institution, wirft aber ein anderes Licht auf die Präsenz von Milizionären in vielen Wahllokalen, die unter anderem für die Wegweisung von unerwünschten Beobachtern und Journalistinnen sorgten (Golos 2007b: 5). Da Verteidigung und Sicherheit in der Russischen Föderation allein dem föderalen Zentrum unterstehen (Mommsen 2004: 416), wird der Einfluss der Sicherheitsdienste als Element des Einflusses der Vertreter der föderalen Regierung in den Provinzen gemessen (siehe Hypothese 1, 4.1.1).

5. Akteursanalyse
Die ER als Spielerin mit guten Karten?

Das vorangehende Kapitel hat gezeigt, dass vor allem staatliche Akteure wie Politiker oder Beamte auf die formellen Wahlinstitutionen und das Parteiangebot sowie andere Staatsangestellte durch informelle Anreize auf den Wahlentscheid Einfluss nehmen können. Nun stellt sich die Frage, in welcher Beziehung diese Akteure zur Partei ER stehen und ob eine Parteimitgliedschaft dieser Akteure mit dem Wahlerfolg von ER in einem positiven Zusammenhang steht. Weil die Mitgliederkartei der Partei nicht öffentlich zugänglich ist, kann im Rahmen dieser Arbeit nur für Personen die Parteizugehörigkeit ermittelt werden, die ein Parteiamt bekleiden. Deshalb wird zuerst untersucht, welche Kompetenzen die verschiedenen Parteigremien haben. Anschliessend werden die ökonomischen Ressourcen der Partei analysiert, um allfällige parteiexterne Akteure zu identifizieren. Interne Strukturen und ökonomische Ressourcen begründen, auf welche Parteiämter sich die Messung der Parteibindung der Eliten konzentriert.

5.1. Organisationsstruktur der Machtpartei

Der organisatorische Aufbau der Machtpartei wird anhand ihrer Satzung und der Informationen auf ihrer offiziellen Internetseite (www.edinros.ru) analysiert. Die Partei ER (*Vsjerossijskaja političeskaja partija Edinaja Rossija*) ist in Quartier-, Lokal- und Regionalsektionen unterteilt (6.1)[13]. Pro Föderationssubjekt kann es nur eine Regionalsektion geben (6.4). Die jeweils höchsten Organe sind die Vollversammlungen (*obščie sobranija* oder *konferencii*), wel-

[13] Die Zahlen in Klammern geben die Artikel der Satzung der Partei ER an, gilt nur in Abschnitt 5.1 (Edinaja Rossija 2007b).

che Delegierte an die nächsthöhere Versammlung schicken. Der föderale Parteikongress (*sezd*) schliesslich wählt den Parteivorsitzenden für vier Jahre (7.1). Der Vorsitzende präsidiert das Büro des Höheren Rates und den Höheren Rat (*Vysšij sovet*, 7.2.3), leitet die Arbeit des Generalratspräsidiums, des Generalrates (*General'nyj sovet*) und des Zentralen Exekutivkomitees an (*Central'nyj ispol'nitel'nyj komitet*, 7.2.4). Obwohl sich die Parteiorgane verschiedener Ebenen immer aus Vertretern der unteren Organisationseinheiten zusammensetzen, geniessen Regional- und Lokalsektionen gemäss der Satzung nur eine beschränkte Selbstständigkeit und deshalb nur beschränkten Einfluss auf die Parteileitung. Die Entscheidungsgewalt liegt für die meisten Angelegenheiten bei den nationalen Zentral- und Leitungsorganen. Leitungsorgane sind der Parteikongress, der Generalrat und dessen Präsidium (8.2), zu den Zentralorganen werden zusätzlich zu den genannten auch noch das Zentrale Exekutivkomitee, der Höhere Rat und die Zentrale Kontroll- und Revisionskommission (*Central'naja kontrol'no-revizionnaja kommissija*) gezählt (8.3). Ständige Organe sind das Generalratspräsidium (10.1), das Zentrale Exekutivkomitee (11.1) und das Präsidium der Zentralen Kontroll- und Revisionskommission (12.18.1). Abbildung 5 (Anhang III) stellt den Aufbau der Partei graphisch dar.

5.1.1. Der Generalrat

Der Generalrat wird vom nationalen Parteikongress auf Vorschlag des Büros des Höheren Rates gewählt (9.1.1). Das Präsidium des Generalrates wird ebenfalls vom Parteikongress gewählt (10.2). Die Mitglieder des Präsidiums werden *ex officio* Mitglieder des Generalrates (9.1.2). Der Sekretär des Generalratspräsidiums leitet die Arbeit des Generalrates (9.4). Das Präsidium leitet die politischen Aktivitäten der Partei (bspw. den Wahlkampf), entscheidet über die Reorganisation oder Auflösung von Regional- und Lokalsektionen, bestimmt die Leiter der interregionalen Koordinationsräte und deren Stellvertreter und leitet und koordiniert die Arbeit der Regionalsektionen (10.6). Insbesondere entscheidet das Präsidium verbindlich über die Wahlteilnahme von Regional- und Lokalsektionen und koordiniert die Erstellung der Kandidatenlisten für Regionalwahlen sowie die Wahlkampfprogramme der Regionalsektionen, bzw. bringt sie mit den Zielen der Zentralpartei in

Übereinstimmung (10.6.29 ff.). Ebenso kann das Präsidium die Sekretäre der regionalen politischen Räte entlassen und Entscheide von regionalen Vollversammlungen aufheben (10.6.34 f.). Das Präsidium segnet in letzter Instanz die parteiinterne Personalpolitik ab. So müssen Entscheide des Zentralen Exekutivkomitees, welches die Sekretäre der regionalen politischen Räte, die Mitglieder der lokalen, der regionalen und des zentralen Exekutivkomitees und die interregionalen Koordinationsräte ernennt und Disziplinarstrafen verhängt, vom Präsidium bestätigt werden (10.6.15). Schliesslich bildet das Präsidium Kommissionen und Arbeitsgruppen (10.6.16).

5.1.2. Das Verhältnis von Leitungsorganen, Mitgliedern und Anhängern

Die Mitglieder und die Struktur des Zentralen Exekutivkomitees werden vom Generalrat bestimmt (11.2). Das Komitee ist zuständig für die Ausbildung von Mitgliedern und Funktionären aller Ebenen und rechenschaftspflichtig gegenüber dem Generalrat und dessen Präsidium (11.8). Ein- und Austritte von Mitgliedern erfolgen zwar in der untersten Organisationseinheit, werden jedoch vom Zentralen Exekutivkomitee der Partei erfasst; die zentrale Mitgliederliste gilt als Grundlage für die regionalen Mitgliederkarteien (4.1.4). Regional-, Lokal, und Quartiersektionen entsenden Delegierte an die Versammlungen der nächsthöheren Organisationseinheiten (6.6). Die föderale Delegiertenversammlung – der Parteikongress – ist das höchste Parteiorgan und verabschiedet Kandidatenlisten, Programmentscheide und ähnliches (8.3.5). Nimmt ein Mitglied ein politisches Amt an, das keine Parteimitgliedschaft erlaubt, kann seine Mitgliedschaft ausgesetzt werden; die betroffene Person wird dann als Anhängerin der Partei bezeichnet (4.4.3) und kann von dieser wie ein Mitglied als Kandidatin für Wahlen aufgestellt werden (4.6.3). Es bestehen auf föderaler wie auf regionaler Ebene Koordinationsräte der Parteianhänger, deren Kompetenzen in der Satzung nicht geregelt sind. Als eine der wenigen Regionalsektionen besitzt die Sektion der Stadt Sankt Petersburg eine Internetseite, in dem die Funktion des Anhängerrates der Sektion beschrieben ist. Der Anhängerrat wird vom politischen Rat der Sektion gebildet und ist ein ständiges Parteiorgan[14]. Er unterbreitet den leitenden Parteiorganen Vorschläge für Parteiaktivitäten und arbeitet mit der Partei insbesondere bei der Propagandaarbeit und bei Wahlkampagnen zusammen. Die Anhänger können die Parteiinfrastruktur benützen und als Gäste an den Vollversammlungen der Regionalsektion teilnehmen. Anhänger sind verpflichtet, an den Sitzungen des Anhängerrates teilzunehmen. Reguläre Parteimitglieder sind verpflichtet, sich an Parteiaktivitäten und insbesondere an der Wahlkampagne zu beteiligen und die Entscheidungen der leitenden Organe umzusetzen. In politische Ämter gewählte Mitglieder müssen den Entscheidungen des Parteikongresses, der leitenden Organe oder deren Berater Folge leisten (5.2), andernfalls kann das Präsidium des Generalrates Disziplinarstrafen verhängen (5.3). Für das Verhalten von Anhängern scheint es keine Sanktionsmöglichkeiten zu geben.

5.1.3. Der Parteivorsitzende, der Höhere Rat und dessen Büro

Der Parteivorsitzende und der Höhere Rat haben weitreichende Kompetenzen bei der Entwicklung der Partei und in der parteiexternen Personalpolitik. Der Höhere Rat wird vom föderalen Kongress gewählt (7.3.2) und vom Parteivorsitzenden präsidiert (7.2.3). Der Parteivorsitzende koordiniert ausserdem die Arbeit des Generalrates, dessen Präsidiums und des Zentralen Exekutivkomitees, macht Vorschläge für die Besetzung der leitenden Funktionen des Zentralen Exekutivkomitees und der Zentralen Kontroll- und Revisionskommission und kann ausserordentliche Sitzungen des Generalrates, des Präsidiums und des Exekutivkomitees einberufen (7.2.4 ff.). Der Höhere Rat ist für die Entwicklungsstrategie der Partei und die Zunahme ihres Einflusses in der russischen Gesellschaft zuständig (7.3.1 f.), verantwortlich für die Medienarbeit und arbeitet Vorschläge für das Parteiprogramm und für Wahlkampfprogramme aus (7.4.4 ff.). Weiter schlägt das Büro des Höheren Rates die zu nominierenden Kandidaten für Präsidentschafts-, Duma-, und Regionalwahlen sowie Mitglieder für die Zentrale Wahlkommission vor, entscheidet auf föderaler wie auf regionaler Ebene, welches Fraktionsmitglied für den

14 Quelle für die nachfolgenden Ausführungen ist die Regelung der Funktionen der Anhänger (Storonniki) gemäss der Internetseite der Regionalsektion Sankt Petersburg der Partei ER, URL: http://www.edinros.spb.ru/?show=follower, Stand vom 19.05.2008.

Parlamentsvorsitz zu kandidieren hat und wer den Fraktionsvorsitz übernehmen soll (7.4.9 f.). Das Büro weist die regionalen Legislativen an, welche Nominierungen des Präsidenten für den Gouverneursposten sie anzunehmen haben und die regionalen Legislativen und Exekutiven, wen sie als Delegierte der Provinz in den Föderationsrat schicken sollen. Die Zentrale Kontroll- und Revisionskommission schliesslich überwacht die Einhaltung der Satzung, die regelkonforme Ausführung der Entscheide der leitenden Parteiorgane sowie die Arbeit der leitenden Organe aller Ebenen (12.1). Die Entscheide der Kommission sind für alle Parteisektionen und ihre Kontrollkommissionen verbindlich (12.5). Parteibesitz und -finanzen schliesslich befinden sich im Kompetenzbereich der föderalen Partei und werden den Sektionen für ihre Aktivitäten zugeteilt (18.2).

5.2. Ökonomische Ressourcen der Machtpartei

Eine wichtige Eigenschaft jedes Akteurs sind die Ressourcen, mit denen er seine Ziele verfolgen kann, weil neben dem institutionellen Rahmen vor allem die Ressourcen bestimmen, welche Handlungsstrategien er wählen kann (vgl. Scharpf 2000: 129). Machtparteien werden mit staatlichen Ressourcen aufgebaut, wie es auch im Fall der Partei ER geschehen ist (siehe 3.2.3). Noch schwieriger als bei Wahlbetrug und informellen Absprachen gestaltet sich die Untersuchung der staatlichen Finanzierung ausserhalb der gesetzlichen Kanäle. Wilson (2007) zeigt, dass die gesetzlich erlaubte Höhe der jährlichen Parteieinnahmen und -ausgaben in der RF weit unter realistischen Summen liegen und Parteien deshalb gezwungen sind, einen Teil ihrer Mittel über andere als die offiziellen Wege zu beschaffen und auszugeben. Weil keine anderen als die offiziellen Quellen zugänglich sind, liegen dieser Arbeit die Jahresabrechnungen für die Jahre 2006 und 2007 zugrunde (Edinaja Rossija 2007a und 2008).

5.2.1. Die Machtpartei und ihre Konkurrentinnen

Über neunzig Prozent ihrer Einnahmen verzeichnete ER wie die meisten anderen Parteien mit Ausnahme der Kommunistischen Partei in Form von Geld. Die Summe der Geldeinnahmen betrug im Jahr 2006 1'386.3 Millionen Rubel, was ungefähr zehn mal mehr mehr ist als die Geldeinnahmen der Parteien mit den nächsthöheren Jahreseinnahmen (*Spravedlivaja Rossija* (SR), die Patrioten Russlands (*Patrioty Rossii*) und die KPRF). Diese Zahlen sagen im Vergleich mit den publizierten Einnahmen anderer Parteien einiges über die Stärke der Machtpartei aus (Tab. 3 und 4). Interessant ist jedoch, dass die anderen Parteien im Wahljahr 2007 im Vergleich mit den Zahlen von 2006 ihre Einnahmen prozentual stärker steigerten als ER, jedoch trotzdem in absoluten Beträgen nicht aufholen konnten. Ein deutlich grösseres Budget für das Wahljahr war zu erwarten. Es wird angenommen, dass Regierungen und politische Parteien im Allgemeinen und Hegemonialparteien im Besonderen in Wahljahren mehr Geld ausgeben, um bei den Wahlen die nötige politische Unterstützung zu erhalten (Magaloni 2006: 98 ff.). Das hohe Budget von ER für 2006 zeigt nun aber, dass die Machtpartei nicht nur in Wahljahren viel Unterstützung erhält und vielleicht also nicht mehr nur eine staatliche Wahlkampforganisation ist (vgl. Smyth 2002).

Die offiziellen staatlichen Subventionen machten 2006 nur siebeneinhalb und 2007 nur fünf Prozent des Budgets der Machtpartei aus, was der Beobachtung in jungen Demokratien widerspricht, dass der Staat häufig die wichtigste Finanzquelle von Parteien sei (van Biezen 2003: 185). Ein Anrecht auf staatliche Unterstützung relativ zu der Anzahl Stimmen haben in der RF nur Parteien, die in den Parlamentswahlen mindestens drei Prozent der Stimmen gewinnen (Wilson 2007: 1098). Diese Klausel ist mit ein Grund, weshalb verschiedene Analytiker zum Schluss kommen, dass Parteien, die schon im Parlament vertreten sind, vom Gesetz bevorteilt werden (siehe 4.2). Da die staatliche Finanzierung bei der ER nur einen kleinen Teil ausmacht, wiegt dieser Vorteil im Fall der Machtpartei nicht besonders schwer. Das heisst natürlich nicht, dass die Nachteile dieser Regelung für ausserparlamentarische Oppositionsparteien ihre Wirkung verfehlen: Im Jahr 2006 machten die staatlichen Zahlungen für alle anderen Parteien als ER und die 'zweite Machtpartei' SR etwa einen Viertel ihrer jeweiligen Einnahmen aus. Die Erhöhung der staatlichen Subventionierung von Parteien im Jahr 2005 zeigte also nicht nur zum Nutzen der Machtpartei Wirkung.[15] Doch um im Wahljahr einen komparativen

15 2005 wurde die staatliche Subventionierung von politischen Parteien von 50 Kopeken pro Stimme um das zehnfache auf fünf Rubel pro Stimme erhöht. Die Partei-

Vorteil gegenüber Konkurrentinnen zu haben, müssen Parteien nach wie auf andere als staatliche Quellen zurückgreifen, wie der Vergleich der Einnahmen 2007 zeigt (Tab. 3).

Tabelle 3: Jahreseinnahmen ausgewählter Parteien 2006 und 2007 im Vergleich

Partei	Gesamteinnahmen *(in Mio. Rubel)*		Geldeinnahmen *(Prozentanteil an den Gesamteinnahmen)*		Staatliche Subvention *(Prozentanteil an den Gesamteinnahmen)*	
	2006	2007	2006	2007	2006	2007
ER	1499.99	2214.87	1386.31 *(92.42)*	2094.92 *(94.58)*	113.89 *(7.59)*	113.89 *(5.14)*
SR	166.48	623.18	152.79 *(91.78)*	564.51 *(90.59)*	9.12 *(5.48)*	9.12 *(1.46)*
LDPR	148.36	555.36	142.14 *(95.81)*	547.23 *(98.54)*	34.72 *(23.40)*	34.72 *(6.25)*
KPRF	149.56	527.72	127.45 *(85.22)*	462.11 *(87.57)*	38.24 *(25.57)*	38.24 *(7.25)*
SPS	38.32	451.55	35.87 *(93.61)*	388.96 *(86.14)*	12.04 *(31.42)*	12.04 *(2.67)*
Jabloko	43.86	196.83	43.33 *(98.79)*	189.19 *(96.12)*	13.05 *(29.75)*	13.05 *(6.63)*
Patrioty Rossii	158.42	183.85	146.92 *(92.74)*	183.14 *(99.61)*	-	-
APR	46.43	48.05	46.43 *(100)*	48.05 *(100)*	11.13 *(23.97)*	11.03 *(22.96)*

Quelle: Darstellung eigener Berechnungen der Autorin aufgrund der Jahresabrechnungen der Parteien, publiziert auf der Homepage der Zentralen Wahlkommission, URL: http://www.cikrf.ru/politparty/finance/svodn_otchet.jsp und http://www.cikrf.ru/politparty/finance/svodn_otchet_07.jsp, Stand vom 24.11.08.

subventionierung ist an die Entwicklung des Minimallohns gekoppelt. Der Anteil staatlicher Finanzierung ist für die Machtpartei damit von rund einem Prozent im Jahr 2004 auf rund sieben Prozent im Jahr 2006 gestiegen (Wilson 2007: 1100).

5.2.2. Einnahmen der Machtpartei

Abbildung 2: Einnahmen von ER in den Jahren 2006 und 2007 nach Art der Einkünfte.

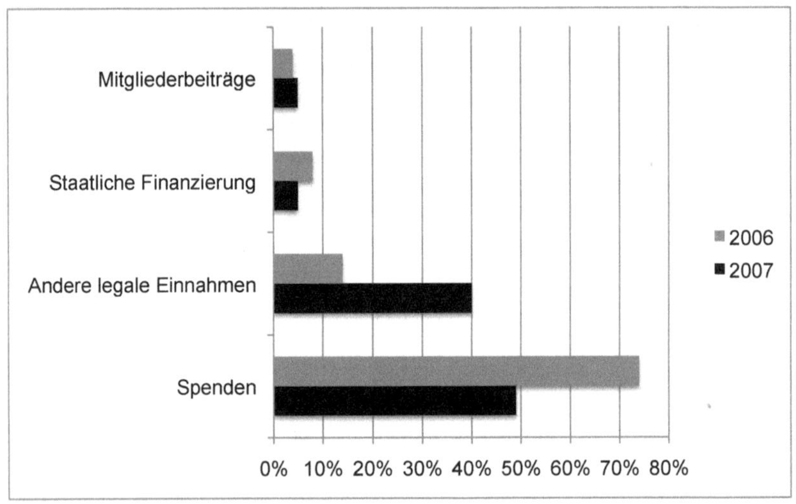

Quelle: Darstellung eigener Berechnungen auf Grundlage der Jahresabrechnungen der Partei für 2006 und 2007 (Edinaja Rossija 2007a, 2008).

Nur wenige Prozent der Einnahmen von ER stammen aus Mitgliederbeiträgen, was für junge Parteien in neuen Demokratien nicht ungewöhnlich ist (van Biezen 2003). Dass jedoch der Anteil der Mitgliederbeiträge an den viel höheren Einnahmen im Jahr 2007 im Vergleich mit dem Jahr 2006 sogar noch etwas gestiegen ist, bedeutet, dass die Partei im Wahljahr Neumitglieder zu verzeichnen hat. Einnahmen aus Parteianlässen, privatrechtlicher und kommerzieller Tätigkeit sind vernachlässigbar tief, solche aus 'anderen legalen Quellen' machen jedoch 2006 dreizehn und im Wahljahr sogar vierzig Prozent aus. Die restlichen Einnahmen sind Spenden, die in beiden Jahren zu 99% von juristischen Personen stammten, von 174 Gebern 2006 und von 213 Gebern 2007. Von Gesetzes wegen müssen politische Parteien in der RF Spenden von juristischen Personen ab einer Summe von 400'000 Rubel und Spenden von natürlichen Personen ab einer Summe von 20'000 Rubel in der Jahresabrechnung ausweisen (Wilson 2007: 1093). Der grosse Finanzierungsanteil durch 'andere legale Quellen' rührt vielleicht daher, dass ein grosser Teil der Spenden tiefer ausgefallen sind als die nachweispflichtigen Summen.

Abbildung 3: Spenden für ER in den Jahren 2006 und 2007 nach Organisationsform des Spenders.

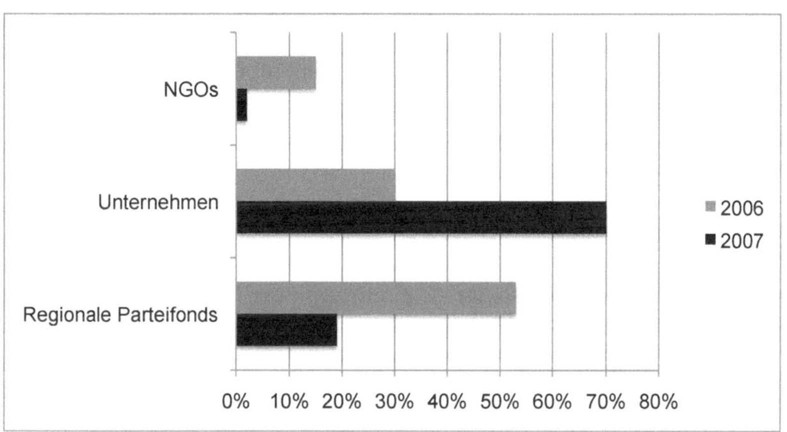

Quelle: Darstellung eigener Berechnungen auf Grundlage der Jahresabrechnungen der Partei für 2006 und 2007 (Edinaja Rossija 2007a, 2008).

Die Hälfte der Geldspenden erhielt die Partei 2006 von regionalen Fonds zur Unterstützung der Partei (*Regional'nye obščestvennye fondy podderžki vse-rossijskoj partii Edinoj Rossii*). 15 % stammten von Non-Profit Organisationen und ein Drittel stammte von privatwirtschaftlichen Unternehmen. Die Hälfte der Spenden von Regionalfonds war grösser als acht Millionen Rubel. Laut Satzung sind die Regionalsektionen auf Weisung des Generalratspräsidiums dazu verpflichtet, solche Fonds zur Unterstützung der Partei zu gründen (Edinaja Rossija 2007b: Art. 10.6.28.1). Weder die Fonds noch die Regionalsektionen veröffentlichen jedoch Abrechnungen, weshalb die Herkunft dieser Gelder mit den zur Verfügung stehenden Mitteln nicht bestimmt werden kann. Die siebzehn Spenden von Non-Profit Organisationen sind bedeutend höher, der Median liegt bei der maximal erlaubten Spende von einer juristischen Person – bei zehn Millionen Rubel. Von den 81 Unternehmen kamen kleinere Spenden, der Median der Summen liegt bei nur 2.5 Millionen Rubel. Je sechs Unternehmen waren im Energie- und im Finanzsektor tätig, nur zwei davon haben die maximal erlaubte Summe gespendet (ZAO *„Peresvet"* und OOO *„Lukojl-Perm'"*).

Im Wahljahr war sowohl der absolute als auch der relative Anteil der Einnahmen, die von Regionalen Parteifonds und von NGOs gespendet wurden, bedeutend kleiner. Der Löwenanteil der Einnahmen stammten von Unternehmen, die im Jahr 2007 mehr als doppelt so viel spendeten als 2006. Der Median der Spendenhöhe lag denn 2007 auch bei drei Millionen Rubel. Sechs der Unternehmen waren im Finanzsektor und fünf im Energiesektor tätig. Zwei haben die maximal erlaubte Summe gespendet, OOO *„Zarneftetermi-nal"* und wieder ZAO *„Peresvet"*.

Wenn die Spenden auch zum Teil grosse Summen umfassen, so ist für die Interpretation der Machtstrukturen wichtig, dass auch eine Spende von der maximal erlaubten Höhe weniger als ein Prozent der Gesamteinnahmen der Partei ausmacht. 25 Spenden erreichten diese Summe 2006, zwanzig 2007 und es kann angenommen werden, dass keiner der Spender alleine und wahrscheinlich auch keine Gruppe von Spendern durch ihre Unterstützung Forderungen an die Partei bezüglich bestimmter Politiken stellen können. Zudem tauchen auch nur einige wenige Unternehmen in beiden Jahren als Spender grosser Summen auf.[16] Wenn man hinter dem grossen Anteil der 'anderen legalen Einnahmen' viele Spender noch kleinerer Summen vermutet, wird die Annahme weiter gestützt, dass die Machtpartei als Organisation weitgehend unabhängig von ihren Spendern agieren kann. Da das Bild schon in den Jahren 2002 und 2003 ähnlich aussah, gilt wahrscheinlich die Folgerung von Wilson (2007: 1094) auch heute noch: „It is indeed likely that many donors sponsored United Russia, the 'party of power', simply to stay on the right side of the authorities, rather than to exert any special influence".

5.2.3. Ausgaben der Machtpartei

Die Gesamtausgaben von ER betrugen im Jahr 2006 1'344.8 Millionen Rubel und im Wahljahr 2007 das anderthalbfache, 1'985.8 Millionen Rubel. Gehälter machten 2006 knapp drei Viertel der Ausgaben aus, 2007 waren es nur noch

16 ZAO *„Peresvet"* (10 Mio.), ZAO *„Vnikor"* (10 Mio.), *„Rot Front"* (6.6 bzw. 10 Mio.), *„Energobank"* (6.5 bzw. 9 Mio), *„Krasnyj Vostok Agro"* (7 bzw. 9 Mio.), OOO *„Finrejt"* (2 bzw. 10 Mio.) und OAO *„Krasnyj Oktjabr'"* (4 bzw. 10 Mio.).

zwei Drittel. In beiden Jahren fielen mehr als die Hälfte der Gesamtausgaben auf Gehälter für Mitarbeitende in Regionalsektionen (57% bzw. 53%) und mehr als ein Zehntel auf Mitarbeitende in den föderalen Leitungsorganen (16% bzw. 11%). Gehälter in Lokalsektionen machten in beiden Jahren weniger als ein Prozent aus. Diese Zahlen lassen auf einen hohen Grad an Professionalisierung der Partei schliessen. Das Verhältnis der Mitgliederzahl zur Zahl der Angestellten der Partei als genauerer Indikator für den Professionalisierungsgrad lässt sich leider nicht errechnen, da weder die genaue Mitgliederzahl, noch die Anzahl von Parteiangestellten einsehbar sind (vgl. van Biezen 2003: 170). Nicht weiter erstaunlich ist, dass die Ausgaben für die Vorbereitung von Wahlen im Jahr 2007 mit einem Fünftel der Gesamtausgaben weit höher ausfielen als im Vorjahr. Die nächsthöheren Ausgabeposten waren mit rund 5% Propagandatätigkeiten und Kongresse. In der Jahresabrechnung werden Summen für die drei weiteren Ausgabekategorien „Einrichtung und Unterhalt von Verlagen, Nachrichtendiensten, poligrafischen Unternehmen, Massenmedien und Bildungseinrichtungen“[17], „Internationale Aktivitäten“ und „Wohltätige Aktivitäten“ angegeben, die jedoch alle weniger als ein Prozent der Gesamtausgaben ausmachen (Edinaja Rossija 2008: 3). Wie bei den Einnahmen umfasst die Kategorie 'anderes' im Wahljahr einen höheren Prozentanteil der Ausgaben.

17 „Učreždenie i soderžanie izdatelstv, informacionnich agenstv, poligrafičeskich predprijatij, SMI, obrazovatel'nich učreždenij“ (Edinaja Rossija 2008: 3).

Abbildung 4: Ausgaben der Partei ER 2006 und 2007 nach Ausgabeposten.

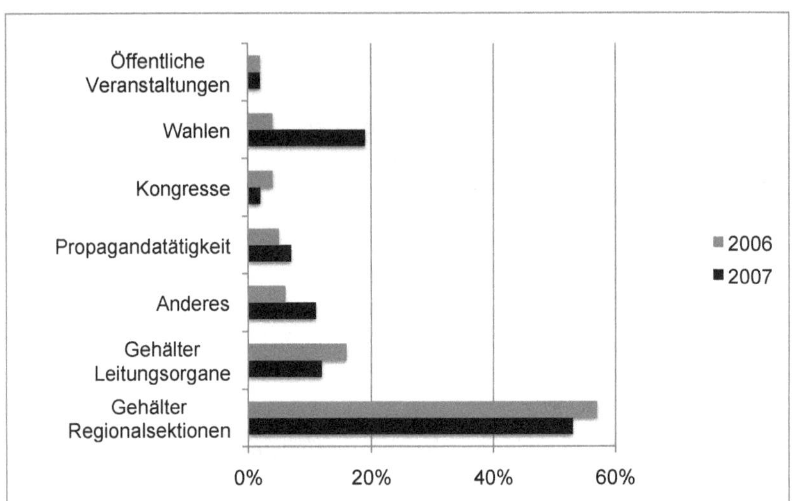

Quelle: Darstellung eigener Berechnungen auf Grundlage der Jahresabrechnungen 2006 und 2007 (Edinaja Rossija 2007a, 2008).

5.3. Was Strukturen und Ressourcen über die Machpartei sagen

Aus der Satzung lässt sich schliessen, dass die Partei sehr hierarchisch organisiert ist, dass die Regional- und Lokalsektionen den zentralen Organen untergeordnet und von letzteren gut zu lenken und kontrollieren sind und dass auch die Mitglieder ausser ihrem Stimmrecht an den Versammlungen vor allem Pflichten haben. Nach Scharpfs (2002: 105) Klassifikation besitzt die Partei ER damit einige wichtige Eigenschaften von „korporativen Akteuren“: Individuelle Mitglieder eines korporativen Akteurs sind an dessen Handlungen nur insofern beteiligt, als dass sie das Führungspersonal auswählen. Strategische Entscheidungen sind deshalb von den Mitgliederpräferenzen unabhängig, was gemäss der Analyse der Satzung auf die Partei zutreffen dürfte. In Bezug auf die Handlungsfähigkeit und Stärke der internen Strukturen der Partei interessieren laut Scharpf (2000: 107 f.) die kognitive und die evaluative Dimension der Fähigkeit zu strategischem Handeln. Für die *kognitive* Dimension sind eine ausreichende interpersonale Informationsverarbeitung und Kommunikation Voraussetzung dafür, dass die Weltbilder und Kausaltheorien der Mitglieder in genügendem Masse übereinstimmen. Diese Eigenschaften können mit einer Analyse der Struktur nicht abschliessend beurteilt werden. Die einzige hier angebrachte Aussage ist, dass die Strukturen ein begünstigendes Fundament für die Integration in der kognitiven Dimension bieten. So werden Parteiprogramme und -strategien von den Zentralorganen der Partei ausgearbeitet und sind für die organisatorischen Untereinheiten verbindlich. Die Partei gibt zudem eine bis zu viermal im Monat in allen Provinzen erscheinende Gratiszeitung heraus[18]. Obwohl das in der vor allem in der russischen Provinz dürftigen Presselandschaft Bedeutung haben könnte, betrifft das eher die Bevölkerung als Ganzes und nicht nur die Parteimitglieder. Die *evaluative* Dimension betrifft die Notwendigkeit, dass komplexe Akteure allgemein und Hegemonialparteien im Besonderen zur Förderung des Zusammenhaltes auf interne Institutionen angewiesen sind, die Konflikte zwischen Mitgliedern lösen helfen und Anreize bieten, persönliche Präferenzen hinter die Interessen der Partei zu stellen (siehe 3.2.2). Dass die zentralen Parteiorgane Sanktionen aussprechen und unfolgsame Mitglieder, Abgeordnete in politischen Ämtern oder ganze Lokal- und Regionalsektionen ausschliessen können, dürfte ein solches Instrument für den Umgang mit Konflikten zwischen Mitgliedern sein. Was die Verhandlungen mit den Sektionen und die Disziplinarstrafen gegenüber Abgeordneten betrifft, so ist wie erwähnt das Generalratspräsidium zuständig, in letzter Instanz über Sanktionen zu entscheiden. Wie auch bei anderen personalpolitischen Entscheiden sind im Vorfeld jedoch auch das Zentrale Exekutivkomitee und das Büro des Höheren Rates beteiligt. Möglicherweise wird mit dem Einbezug verschiedener Gremien eigennützigen Entscheiden vorgebeugt. So beraten auch die lokalen politischen Räte über Aufnahme und Ausschluss von Mitgliedern, obwohl das Zentrale Exekutivkomitee und das Generalratspräsidium am Ende entscheiden. Insbesondere Sanktionsmöglichkeiten der ausserparlamentarischen Parteiorgane gegenüber den Parteivertretern in politischen Ämtern gelten als nützliches Instrument, um Parteispaltungen vorzubeugen (van Biezen 2003: 217). Nun haben solche Sanktionsmöglichkeiten eine noch stärker integrierende Wirkung, wenn die ER tatsächlich die einzige Organisation ist, die Poli-

18 OOO Servis Info (Hrsg. seit 2003): „Edinaja Rossija. Obščefederal'naja gazeta". Moskau. URL: www.edinros.org/news.html?rid=2694, Stand vom 08.05.2008.

tikern Zugang zu Ämtern und Karriere bieten kann (siehe 3.2.2). Falls die Partei diese Funktion hat, so kommen dem Parteivorsitzenden sowie dem Höheren Rat grosse Bedeutung zu, da sie dafür zuständig sind, dem Parteikongress Kandidaten für politische Ämter auf föderaler und regionaler Ebene vorzuschlagen. Parteiintern schlagen sie die Mitglieder des Zentralen Exekutivkomitees und der Zentralen Kontroll- und Revisionskommission vor, die ständige Organe der Partei sind und ihren Mitgliedern deshalb sowohl politischen Einfluss als auch Einkommen versprechen. In den Regionalsektionen übernehmen die politischen Räte die Funktionen, die denen von Höherem Rat und Generalrat in der Mutterpartei entsprechen. Die Arbeitsverträge der Mitglieder des Apparates des Zentralen Exekutivkomitees sowie der regionalen Exekutivkomitees sind nach dem russischen Arbeitsrecht zu regeln und auf die Dauer der Amtszeit des Generalratspräsidiums bzw. des regionalen politischen Rates befristet (Edinaja Rossija 2007b: Art. 11.9.1 bzw. 14.12.4). Für die anderen ständigen Organe (Generalratspräsidium und Präsidium der Zentralen Kontroll- und Revisionskommission) sind die Anstellungsbedingungen in der Satzung nicht geregelt. Die Budgetanalyse unter 5.2 zeigt aber, dass Gehälter den grössten Teil der offiziellen Parteiausgaben ausmachen. Die Satzung sieht mit den Kompetenzen in der Personalpolitik und der Weisungsbefugnis von föderalen Parteifunktionären gegenüber Parlamentsabgeordneten eine starke Position der ausserparlamentarischen Parteiorganisation vor. Es gibt jedoch weder eine *ex officio* – Klausel, die beispielsweise dem Fraktionsvorsitzenden ein leitendes Parteiamt zuteilt, noch eine Unvereinbarkeitsklausel von Ämtern in Partei und Politik. Da gerade in Osteuropa häufig beobachtet wird, dass die tatsächliche Ämterkumulation grösser ist, als die in der Satzung vorgesehene, wird erst die Analyse der aktuellen Besetzung von Partei- und öffentlichen Ämtern Aufschluss über die Machtverteilung geben (van Biezen 2003: 166). Neben den Entscheidungskompetenzen ist auch die Konzentration der finanziellen Ressourcen und des Eigentums bei der föderalen Partei ein Beleg für die Konzentration der Macht bei dieser (van Biezen 2003: 40). Die Herkunft der finanziellen Mittel weist darauf hin, dass die Partei von keinem ihrer offiziellen Förderer stark abhängig ist und lässt vermuten, dass die Motivation der Förderer deshalb weniger der politische Einfluss ist, sondern eher das Bemühen, mit der wichtigen politischen Kraft auf gutem Fuss zu stehen. Die hohen Ausgaben für Gehälter lassen auf einen hohen

Professionalisierungsgrad schliessen und darauf, dass die Partei einen Grossteil ihrer Ressourcen für den Unterhalt der internen Strukturen aufwendet. Mit den Worten van Biezens (2003: 28ff.) lässt sich also vorläufig über die Partei ER sagen, dass es zwar nicht die „party on the ground“, aber doch eher die „party in central office“ als die „party in public office“ ist, die eine starke Stellung hat. Wenn dem so ist, dann hat sich die von den Mächtigen abhängige Machtpartei schon ein Stück weit zu einer eigenständigen Macht entwickelt, was für die Untersuchung der Partei anhand einer Theorie für Hegemonialparteien spricht.

6. Akteurkonstellationen
Die Parteibindung der Eliten

Dieses Kapitel untersucht, ob empirische Evidenz für die in Kapitel vier hergeleiteten Hypothesen besteht. In einem ersten Schritt werden die zentralen Parteiorgane und deren Beziehungen zu staatlichen Organen untersucht, um Anhaltspunkte über die Parteivertretung in den formellen Institutionen zu finden (6.1). In einem zweiten Schritt wird der statistische Zusammenhang zwischen der Parteibindung der Eliten in den Regionalsektionen und den regionalen Stimmengewinnen bei den Dumawahlen 2007 untersucht (6.2 und 6.3).

6.1. Die Machtpartei als Regierungspartei?

Abgeordnete der föderalen Duma und Vertreter der Regionalpolitik machen den Grossteil der Mitglieder des Höheren Rates und des Generalrates aus.[19]

6.1.1. Zentrale Leitungsorgane

Von den 21 Mitgliedern des Generalratspräsidiums sind zwanzig Abgeordnete in der Duma und ein weiteres steht der Direktion für Öffentlichkeits- und Pressearbeit der Duma vor. Wie in der Satzung vorgesehen sind sechs von den Präsidiumsmitgliedern Leiter von interregionalen Koordinationsräten der Partei. Vier Mitglieder des Generalratspräsidiums gehören gleichzeitig dem Büro des Höheren Rates an. Im Generalrat ausschliesslich des Präsidiums sind knapp die Hälfte der Mitglieder Abgeordnete in der Duma (59 von 127).

---

19 Es wurde die Regierungs- Parlaments- und Parteizusammensetzung vor den Dumawahlen 2007 untersucht. Da die Amtszeit der Regierung in der Russischen Föderation an diejenige des Präsidenten gekoppelt ist (Mommsen 2004: 383), ist die hier untersuchte Regierung am 7. Mai 2008 mit der Amtsübergabe von Putin an den neuen Präsidenten Medvedev geschlossen zurückgetreten.

Ein Viertel der Mitglieder sind Vertreter regionaler Regierungen, Verwaltungen oder Legislativen, zwei sind Gouverneure und drei sind Bürgermeister von Provinzhauptstädten. Des weiteren sind sechzig Sekretäre von Regionalsektionen vertreten, die meisten sind gleichzeitig Regionalpolitiker. Zwei Vertreter der ER in der Zentralen Wahlkommission sind ebenfalls Mitglieder des Generalrates. Die föderale Regierung ist durch je einen Stellvertreter des Verteidigungs- und des Bildungsministers und durch einen Beamten des Verteidigungsministeriums vertreten. Wirtschaftsvertreter gibt es nur einen, der allerdings ist stellvertretender Direktor des Unternehmens OOO *„Lukojl-Perm'“*, das auch in der in der Abrechnung für das Jahr 2006 als Spender auftaucht. Der zum Untersuchungszeitpunkt amtierende Parteivorsitzende *Boris Gryzlov* ist Fraktions- und Dumavorsitzender.

6.1.2. Zentralorgane

Von den siebzehn Mitgliedern des Büros des Höheren Rates sind acht Abgeordnete in der Duma, die alle in der Fraktionsleitung sitzen. Fünf weitere Mitglieder des Büros sind Gouverneure bzw. Präsidenten von Föderationssubjekten und drei sind Mitglieder der föderalen Regierung. Rund die Hälfte der Mitglieder des Höheren Rates ausschliesslich des Büros sind Gouverneure (24 von 46), vier sind Dumaabgeordnete, eines ist ein föderaler Minister, zwei sind Regierungsbeamte, zwei sind Vertreter der Präsidialverwaltung und drei sind Vorsteher von Grossbanken (OAO *„Bank vnešnej torgovli“*, OAO *„Al'fa-Bank“* und OAO *„Rossel'chozbank“*). Nur eine Filiale der Al'fa-Bank taucht auch in der Abrechnung 2006 mit einer vergleichsweise bescheidenen Summe von sechs Millionen Rubel unter den Spenderinnen auf. Die (offiziellen) Gönner üben also wahrscheinlich auch nicht durch die Platzierung ihrer eigenen Leute in den Parteiorganen Einfluss auf die Parteipolitik aus.

Der Leiter des Zentralen Exekutivkomitees ist Mitglied des Generalsratspräsidiums und stellvertretender Fraktionsvorsitzender in der föderalen Duma. Sein erster Stellvertreter ist Generalratsmitglied und Vorsitzender der Finanzmarktkommission in der Duma. Zu den restlichen vier Mitgliedern sind keine anderen beruflichen oder politischen Tätigkeiten als ihr Mandat im Komitee ausgewiesen. Die Zentrale Kontroll- und Revisionskommission besteht zum grössten Teil aus Parlamentariern (siebzehn von 31 sind Abgeordnete in der Duma, drei im Föderationsrat). Weitere drei Mitglieder kommen aus regionalen Legislativen, zwei sind leitende Beamte (der Leiter des Versicherungsaufsichtsdienstes der föderalen Regierung und der Leiter der Filiale der staatlichen Rentenversicherung in der *Saratovskaja* O). Der Leiter und der erste stellvertretende Leiter des Verwaltungsapparates der Dumafraktion von ER sind ebenfalls in der Kommission. Von den Organen der Mutterpartei sei hier zuletzt noch der Zentrale Koordinationsrat der Anhänger untersucht. Da Politiker in der Russischen Föderation nach dem Zusammenbruch der Sowjetunion lange zögerten, sich offiziell zu Parteien zu bekennen (Moser 1999) und da ausserdem bis zu einer Gesetzesänderung im Oktober 2004 ein Exekutivamt mit einer Parteimitgliedschaft unvereinbar war (Wilson 2006: 339), scheint die Option, statt Mitglied nur Anhänger einer politischen Partei zu werden, wie geschaffen für russische Politiker. Von den 48 Mitgliedern des Anhängerrates gehören denn auch zwei dem Höheren Rat an ohne Parteimitglieder zu sein. Zwei Mitglieder sind Vertreter der Präsidialverwaltung und vier weitere Mitglieder sind Regierungsvertreter: zum einen der Premierminister, ein Stellvertreter des Verteidigungsministers, der erste Stellvertreter des Bildungsministers und der erste Stellvertreter des Innenministers. Zwei Mitglieder sind Direktoren eines Unternehmens, das im Gas- (OOO *„Uraltransgaz"*) bzw. im Erdölgeschäft (OAO *„Moskovskaja neftjanaja kompanija"*) tätig ist. Beide Unternehmen sind in den Jahresabrechnungen nicht als Spender aufgeführt. Für die Wirtschaftsregulierung mag bedeutsam sein, dass der stellvertretende Leiter der Zentralbank der RF ebenfalls im zentralen Anhängerrat sitzt.

6.1.3. Die Partei und die Zentrale Wahlkommission

Bei der Analyse der formellen Wahlinstitutionen kam klar zum Ausdruck, dass die Zentrale Wahlkommission (CIK) bei der Vorbereitung und Durchführung der Wahlen eine Schlüsselrolle spielt. Analysen früherer Wahlen haben gezeigt, dass Wahlbetrug am ehesten von diesem Gremium initiiert wird (siehe 4.2.2). Von den 15 Mitgliedern der Zentralen Wahlkommission sind zwei im Generalrat der Machtpartei, zwei sind Vertreter von Regionalsektionen und ein Mitglied gehört sogar dem 'Wahlstab' (*izbiratel'nyj štab*) der Machtpartei an. Der Vorsitzende der Kommission, der gemäss Wahlbeobachtungsberichten eine wichtige und möglicherweise parteiische Rolle spielt, ist nachgewiesenermassen parteilos. Da die Mitglieder der CIK zu gleichen Teilen von Duma, Föderationsrat und Präsident eingesetzt werden und ihrerseits bei der Bestellung der Regionalen Wahlkommissionen mitreden können, dürfte der Einfluss der Partei trotzdem beträchtlich sein. Sowohl in der Duma, als auch im Föderationsrat verfügt die Partei über Mehrheiten, die ihr erlauben dürften, die eigenen Kandidaten in die Kommission zu bringen. Was den Präsidenten betrifft, so wird erst die Zukunft zeigen, ob Medvedev es für angebracht hält, Kandidaten zu ernennen, die die Interessen einer Partei verfolgen. Vom ehemaligen Präsidenten Putin kann das vermutet werden, da er es war, der bei der Gründung der Machtpartei eine entscheidende Rolle gespielt hat. In der Zukunft könnte es also eine grössere Rolle spielen, ob Mitglieder der Präsidialverwaltung an die Partei gebunden sind oder nicht.

6.1.4. Mögliche Funktion von Ämterkumulationen

Die Ämterkumulation ist tatsächlich sehr hoch, obwohl in der Satzung keine *ex officio* Ämterkumulationen vorgesehen sind. Rund ein Drittel der Fraktionsmitglieder von ER in der Duma besetzt auch ein Parteiamt. Das deckt sich mit den Beobachtungen, die van Biezen (2003: 165) in jungen Demokratien Osteuropas gemacht hat. Was die Weisungs- und Sanktionsbefugnis der zentralen Parteiorgane gegenüber den Abgeordneten in den föderalen und den regionalen Legislativen betrifft, so korrigieren die personellen Überlappungen das Bild von der übermächtigen „party in central office“ etwas. Wenn sich die entscheidenden föderalen Parteigremien zu grossen Teilen aus eben den Abgeordneten, bzw. aus den Leitern deren Fraktionen zusammensetzen, so liegen die in der Satzung vorgesehenen Kontrollmöglichkeiten nicht mehr alleine bei den zentralen Parteiorganen. Wegen der zentralen Bedeutung der Beziehung zwischen Föderal- und Regionalpolitik für die föderalen Wahlen ist zweitens die breite Vertretung der regionalen politischen Elite in den föderalen Parteigremien von Interesse: Gut zwei Drittel der Provinzen sind mit Politikern in der Mutterpartei vertreten. Interessanterweise sind die Vertreter meist Politiker der Exekutiven, die im Vergleich mit den Legislativen eine wichtigere Rolle spielen. Drittens und im Einklang mit der Analyse von Korgunjuk (2006) fällt auf, dass sich in den untersuchten Organen nur vereinzelt

Vertreter der föderalen Regierung, hohe Beamte oder Mitglieder der Präsidialverwaltung befinden. Bezeichnenderweise sind die Regierungsmitglieder neben dem Büro des Höheren Rates nur noch im Anhängerrat zu finden, was sich sowohl mit der Gewohnheit von Exekutivpolitikern, die eigene Rolle als die von Fachpersonen statt als Parteivertreter zu verstehen, als auch mit dem erst 2004 aufgehobenen Parteimitgliedschaftsverbot für Regierungsmitglieder erklären lässt. Deshalb werden in die Messung der Parteibindung der Eliten auch die Anhängerräte einbezogen.

Das Verteidigungs- und das Bildungsministerium sowie das Ministerium für Zivilschutz, Ausnahmesituationen und die Beseitigung von Folgen von Naturkatastrophen sind mehrfach in der Partei vertreten, das Landwirtschafts- und das Verkehrsministerium sowie das Ministerium für natürliche Rohstoffe je einmal. Zehn der sechzehn Ministerien sind nicht vertreten und nur ein Viertel der 22 Minister hat ein Parteiamt inne. Da jedoch keine Parteimitgliederlisten publiziert sind, könnten auch mehr Regierungsmitglieder Parteimitglieder sein. In der Präsidialverwaltung und dem föderalen Sicherheitsrat - beides wichtige Machtzentren in der russischen Politik – sind Parteifunktionäre kaum vertreten. Nur zwei Personen fallen auf: *Sergej Semenovič Sobjanin* ist gleichzeitig ständiges Mitglied des Sicherheitsrates, Leiter der Präsidialverwaltung und Mitglied des Höheren Rates von ER. *Aleksandr Dmitrevič Beglov* ist Mitglied des Höheren Rates und Vorstehender der Kontrolldirektion in der Präsidialverwaltung.

Nun ist es schwierig zu beurteilen, ob die Schlussfolgerung von Korgunjuk (2006) immer noch zutrifft, dass die Partei nur das Bild einer Regierungspartei zu imitieren versuche, oder ob die genannten Parteienvertreter in der Regierung und den hohen Verwaltungsetagen vielleicht Schlüsselpositionen besetzen und ihre nicht sehr grosse Anzahl deshalb nicht direkt etwas über die Macht der Partei in der Regierung und der Präsidialverwaltung aussagt. Vor allem fällt auf, dass keine Vertreter des Justizsystems in den Parteigremien zu finden sind. Genauso schwierig zu beurteilen ist die Bedeutung der Vertreter von Unternehmen des Energie- und Finanzsektors. So sind zwar die *Al'fa Bank* und *Lukoil-Perm* sowohl als Spenderinnen, als auch mit Parteifunktionären vertreten. Die offiziell publizierte Abrechnung dürfte jedoch kaum dem tatsächlichen Budget entsprechen (siehe 5.2) und kann die Frage hier nicht beantwortet werden, ob die nicht berichteten Mittel aus Wirtschaftskreisen kommen, wie es in den 1990er Jahren üblich war, oder ob es staatliche Mittel sind, wie es für eine Machtpartei typisch wäre. Schliesslich und endlich darf nicht vergessen werden, dass die Abgeordneten des föderalen Parlaments, die einen grossen Teil der Parteifunktionäre mit politischem Amt ausmachen, im institutionellen politischen Gefüge in der RF keine starke Stellung haben (Merkel 1999: 499). Seitdem jedoch Putin als bekannter und beliebter Politiker gleichzeitig das Amt des Regierungschefs und den Parteivorsitz übernommen hat, sieht dieses Bild anders aus. Deshalb ist die vorliegende Untersuchung als Momentaufnahme der Entstehungsgeschichte der Machtpartei anzusehen, in der sich erst abzuzeichnen beginnt, ob sie sich zu einer stabilen Hegemonialpartei entwickelt oder nicht.

6.2. Bivariate Regressionsanalysen

Die Hypothesen werden zuerst in bivariaten Analysen mit der Schätzung von Regressionen nach der Methode der kleinsten Quadrate (*Ordinary Least Squared*, OLS) geprüft. Die prozentualen Stimmengewinne der Machtpartei in den Provinzen bilden die abhängige Variable. Pro Hypothese wird so die Variable mit dem höchsten Regressionskoeffizienten, also dem stärksten bivariaten Zusammenhang mit der abhängigen Variable identifiziert, die anschliessend für die multivariate Analyse verwendet wird. Dieses Vorgehen entspricht der Methode der „forward elimination“ von Variablen (Harrel 2008).

6.2.1. Der Wahlerfolg von ER und die Parteibindung der politischen Eliten

Nicht nur in der Mutterpartei, sondern auch in den Regionalsektionen gibt es Parteiämter zu vergeben. Im ersten Teil des Analysekapitels wurde hergeleitet, welche an den Beziehungen zwischen Zentralstaat und Regionalpolitik beteiligten Akteure wahlentscheidenden Einfluss haben könnten. Nun soll untersucht werden, ob die Parteibindung dieser Akteure in einem Zusammenhang mit dem Wahlerfolg von ER steht. Zur Erinnerung: die Vertreter von Abteilungen der föderalen Regierung, der Sicherheitsdienste und der Präsidialverwaltung, sowie der Gouverneure bzw. Präsidenten der Provinzen und der regionalen Exekutiven könnten wahlentscheidenden Einfluss auf den Wahlprozess haben (siehe 4.1.1, Hypothese 1). Da es kaum erschöpfend möglich ist, den Anteil der Parteivertreter an der Gesamtheit der Vertreter der föderalen Regierung (oder der Präsidialverwaltung etc.) in einem Föderationssubjekt festzustellen, wurde bei der Datenerhebung umgekehrt vorgegangen und der Anteil der Vertreter der föderalen Regierung an den Mitgliedern des politischen und des Anhängerrates der entsprechenden Regionalsektion ermittelt. Für die in Hypothese 1 genannten Akteurgruppen wurde je eine unabhängige Variable gebildet1. Die unabhängigen Variablen werden nun in bivariaten Regressionsmodellen auf einen Zusammenhang mit dem regionalen Stimmenanteil von ER bei den Dumawahlen 2007 getestet. Die Dummyvariable *gouv* mit den Ausprägungen 1 = 'Gouverneur/Präsident des Föderationssubjektes hat ein Parteiamt inne' und 0 = 'Gouverneur/Präsident des Föderationssubjektes hat kein Parteiamt inne' weist den höchsten Regressionskoeffizienten auf. Die Variable *regexe* weist zwar ein höheres Signifikanzniveau auf (zur Interpretation der Signifikanztests siehe 6.3.1), was jedoch bei der „forward elimination“ erst im zweiten Schritt beachtet wird (Harrel 2008). Deshalb wird die Variable *gouv* als Indikator für die Parteibindung der Regionalpolitiker in die multivariate Analyse einbezogen. Die Vertreter der föderalen Regierungsstellen und der Sicherheitsdienste werden als eine unabhängige Variable betrachtet (*foedreg*), die Variable zeigt einen sehr schwachen Zusammenhang mit den Stimmengewinnen von ER. Eine Wiederholung der Regressionsanalyse mit je einer separaten Variable für die Vertreter der föderalen Regierung und der Sicherheitsdienste führte zu analogen Resultaten. Damit kann ausgeschlossen werden, dass die beiden Elemente der Variable in einem entgegengesetzten Zusammenhang mit der abhängigen Variable stehen und sich ihre Wirkung aufhebt, wenn aus den beiden Anteilen eine Variable gebildet wird. Die Anteile an Vertretern der Präsidialverwaltung (*padmin*) weist in der bivariaten Regressionsanalyse einen grösseren Korrelationskoeffizienten auf, weshalb diese Variable als Indikator für die Parteibindung der Vertreter des Zentralstaates in den Regionen in die multivariate Analyse einbezogen wird.

Dieselben mulitvariaten Regressionsmodelle wie in Tabelle 7 wurden auch mit der Variable regexe berechnet. regexe weist in den mulitvariaten Modellen einen negativen, nicht signifikanten Zusammenhang mit duma07 auf. Die Regressionskoeffizienten und Signifikanzniveaus der restlichen unabhängigen und Kontrollvariablen zeigen etwa dieselben Werte wie in den Modellen 9a bis 17a.

Tabelle 4: Bivariate Regressionsanalyse Hypothese 1

	Modell 1	Modell 2	Modell 3	Modell 4
regexe	0.612*** (0.184)			
gouv		2.758 (2.54)		
foedreg			- 0.252 (0.325)	
padmin				- 1.392 (1.149)
Konstante	60.369*** (1.836)	63.192*** (2.03)	65.903*** (1.671)	65.835*** (1.407)
R^2	0.111	0.002	0.008	0.018
F-Test	11.03	1.18	0.6	1.47
N	81	83	81	81

Erläuterungen: Abhängige Variable *duma07* = Regionaler Stimmenanteil ER bei den Dumawahlen 2007 in Prozent; Unstandardisierte Koeffizienten; Zweiseitiger Test: *p < 0.1, **p < 0.05, ***p < 0.01; Standardfehler in Klammern.
Quelle: Eigene Berechnung der Autorin.

6.2.2. Der Wahlerfolg von ER und die Parteibindung der Wirtschaftseliten

Aufbauend auf Magalonis (2006) Modell wurde in Abschnitt 4.1.2 hergeleitet, dass die Kontrolle der Wirtschaftsregulierung einer Hegemonialpartei erleichtern kann, Wahlen zu gewinnen. Für die RF sollen Wirtschaftsverbände, Geschäftsführer von Unternehmen in den Sektoren Energie und Finanzen sowie die schon untersuchten politischen Akteure Einfluss auf den Wahlausgang in den Föderationssubjekten ausüben (Hypothese 2). Wie auch bei den politischen Akteuren konnte nicht der Anteil der Parteivertreter an der Gesamtheit der Direktoren von Unternehmen in den Schlüsselsektoren und der Leiter von Wirtschaftsverbänden berechnet werden und es wurden die Anteile der Vertreter entsprechender Firmen und Verbände an der Gesamtzahl der Mitglieder der politischen und Anhängerräte als unabhängige Variablen verwendet. Für die Wirtschaftsakteure wurde je eine unabhängige Variable für die Parteibindung der Wirtschaftsverbände (*arborg*) und eine für die Parteibindung des Energie- und des Finanzsektors (*schluessel*) gebildet. Beide Variablen weisen einen sehr schwachen Zusammenhang mit den Stimmengewinnen von ER auf. Da der Regressionskoeffizient für *arborg* grösser ist, wird diese Variable in die multivariate Analyse einbezogen.

Tabelle 5: Bivariate Regressionsanalyse Hypothese 2

	Modell 5	Modell 6
schluessel	- 0.248	
	(0.356)	
arborg		0.883
		(0.728)
Konstante	65.989***	66.165***
	(1.849)	(1.551)
R^2	0.006	0.018
F-Test	0.48	1.47
N	81	81

Erläuterungen: Abhängige Variable: *duma07* = Regionaler Stimmenanteil ER bei den Dumawahlen 2007 in Prozent; Unstandardisierte Koeffizienten; Zweiseitiger Test: *p < 0.1, **p < 0.05, ***p < 0.01, Standardfehler in Klammern.
Quelle: Eigene Berechnungen.

Messfehler bei der Erhebung der Daten für die Wirtschaftsvariable *schluessel* sind wahrscheinlich, falls Firmen, die weder der Bezeichnung nach eindeutig zu den Schlüsselsektoren gezählt werden können, noch einen Internetauftritt haben, der Aufschluss über ihren Tätigkeitsbereich gibt, fälschlicherweise nicht zu den im Energie- oder Finanzsektor tätigen Unternehmen gezählt wurden. Für den Fall, dass die Parteibindung der Unternehmer der Schlüsselsektoren tatsächlich keinen Einfluss auf die Wahlgewinne hat, kann auch der Umstand in Erinnerung gerufen werden, dass in keiner der Wahlbeobachtungsanalysen Fälle genannt wurden, in denen Unternehmer von Schlüsselsektoren des Drucks auf Wählerinnen und Wähler beschuldigt wurden. Der von Chirikova und Lapina (2001: 392, siehe 4.1.2) beschriebene Fall aus dem Wahlkampf 1999 bezieht sich auf die staatliche Energieversorgung. Somit könnte ein weiterer Messfehler daher rühren, dass bei Unternehmen der Schlüsselsektoren nicht unterschieden wurde, ob das Unternehmen (mehrheitlich) in staatlichem oder in privatem Besitz ist.

6.2.3. Der Wahlerfolg von ER und die Parteibindung der Eliten in öffentlichen Einrichtungen und Staatsbetrieben

Tabelle 6: Bivariate Regressionsanalyse Hypothese 3

	Modell 7	Modell 8
staatsb	0.030 (0.357)	
bildges		0.097 (0.253)
Konstante	64.913*** (1.994)	64.151*** (2.640)
R^2	0.000	0.002
F-Test	0.01	0.15
N	81	81

Erläuterungen: Abhängige Variable: duma07 = Regionaler Stimmenanteil ER bei den Dumawahlen 2007 in Prozent; Unstandardisierte Koeffizienten; Zweiseitiger Test: *p < 0.1, **p < 0.05, ***p < 0.01; Standardfehler in Klammern.
Quelle: Eigene Berechnungen.

Die Hypothese 3 bezieht sich auf die Parteibindung der Elitenakteure, die öffentlichen Einrichtungen oder staatlichen Betrieben vorstehen. In Abschnitt 4.3.2 wurden entsprechend dem Modell des Bestrafungsregimes von Magaloni (2006) und Wahlbeobachtungen und -analysen folgende Akteure identifiziert: Leitende Angestellte des staatlichen Gesundheitswesens, leitende Angestellte des staatlichen Bildungswesens und leitende Angestellte anderer staatlichen Betriebe wie beispielsweise der Post oder der Eisenbahn. Für die Regressionsanalyse wurden zwei unabhängige Variabeln gebildet. Eine misst den Anteil der leitenden Angestellten des Bildungs- und des Gesundheitswesens an den Mitgliedern der politischen und der Anhängerräte (*bildges*) und eine misst den Anteil der leitenden Angestellten von Staatsbetrieben (*staatsb*). Beide Variablen weisen nur einen sehr schwachen Zusammenhang mit den Stimmengewinnen von ER auf. Die Variable bildges mit dem etwas höheren Korrelationskoeffizienten wird in die multivariate Analyse einbezogen.

Der schwache Zusammenhang der Parteibindung der Akteure des Bildungs- und Gesundheitswesens ist angesichts der analysierten Wahlbeobachtungsberichte erstaunlich, in denen zahlreiche Vorfälle von Druck auf Wahlberechtigte von Seiten ebendieser Akteure berichtet werden. Eine mögliche Erklärung ist, dass die Zahl der Bildungseinrichtungen unter den Provinzen stark variiert, was den möglichen Anteil der leitenden Angestellten mit Parteibindung beeinflusst. Dieser Störfaktor soll zum einen mit dem Einbezug des Gesundheitswesens in die Variable und zum andern mit der Kontrollvariable *bildung* (prozentualer Anteil der Einwohner einer Region mit einem Fachhochschul- oder Hochschulabschluss) kontrolliert werden. Messfehler sind bei der Variable *bildges* kaum wahrscheinlich, da staatliche Einrichtungen des Bildungs- und des Gesundheitswesens bei der Datenerhebung unschwer identifiziert werden konnten. Bei der unabhängigen Variable *staatsb* können hingegen Messfehler vorliegen, da bei der Datenerhebung nur Staatsbetriebe mit traditionellen Organisationsformen sicher als solche identifiziert werden konnten. Aktiengesellschaften hingegen wurden als private Unternehmen angesehen, wenn nicht eindeutige Informationen darüber vorlagen, dass der Staat die Aktienmehrheit besitzt. Zudem wurden Vertreter von Unternehmen der Schlüsselsektoren (Erdöl, Gas, Kohle) nur zu der Variable *schluessel* gezählt, unabhängig davon, ob das Unternehmen staatlich oder privat ist, was zu einer Unterschätzung der Parteibindung der Vertreter von Staatsbetrieben geführt haben kann.

6.3. Multivariate Regressionsanalysen

In die multivariate OLS-Regressionsanalyse fliesst nun pro Hypothese die unabhängige Variable mit dem höchsten Regressionskoeffizienten ein. Zudem werden Kontrollvariabeln in die Modelle aufgenommen, die für Unterschiede in den politischen, sozialen und wirtschaftlichen Rahmenbedingungen in den Provinzen, die ebenfalls das Wahlergebnis beeinflussen können, kontrollieren sollen. Die theoretischen Begründungen für die Auswahl der Kontrollvariablen und die Angaben zur Operationalisierung aller Variablen befinden sich im Anhang (IV).

6.3.1. Vorgehensweise

Gemäss der Methode „Rückwärtselimination“ umfasst die erste Regressionsschätzung alle unabhängigen und Kontrollvariablen (Ambühl und Riedwyl 2000: 54). Schritt für Schritt wird anschliessend jeweils die Variable mit dem tiefsten Signifikanzniveau aus der Analyse ausgeschlossen. Das Vorgehen wird abgebrochen, sobald sich das Bestimmtheitsmass R^2 bedeutend verkleinert. Da es sich beim vorliegenden Sample nicht um eine Zufallsstichprobe handelt, muss die Verwendung von Signifikanztests begründet werden. Wegen fehlender Daten mussten sieben Fälle aus der Regressionsanalyse ausgeschlossen werden, weshalb der Datensatz im strengen Sinn keine Vollerhebung ist[20]. Henkel (1976: 85 ff.) nennt drei Interpretationsmöglichkeiten von Signifikanztests bei Vollerhebungen: Erstens können Populationen als eine Zufallsstichprobe aus einer hypothetischen Grundgesamtheit betrachtet werden. In der vorliegenden Arbeit würden die russischen Provinzen als Stichprobe der Gesamtheit aller Hegemonialparteienregime angesehen. Signifikanztests würden Aussagen dazu erlauben, ob die Fallauswahl für die Resultate der statistischen Untersuchung verantwortlich ist. Zweitens können Signifikanztests zur Kontrolle von nicht zufälligen Messfehlern verwendet werden. Wenn eine Variable eine 'signifikante' Korrelation aufweist, so kann ihr Zusammenhang mit der abhängigen Variable mit einiger Sicherheit nicht von systematischen Messfehler verursacht worden sein. Drittens können anhand von Signifikanztests Aussagen dazu gemacht werden, ob die Analyseresultate durch Zufall entstehen oder durch einen (theoretisch relevanten) Faktor beeinflusst werden. Nun war die Datenerhebung sehr wohl für nicht zufällige Messfehler anfällig, da als Informationsgrundlage amtliche Daten und die offizielle Internetseite der Partei verwendet wurden (siehe auch

---

[20] Für die Provinzen *Tambovskaja* O, *Tajmyrskij* (*Dolgano-Neneckij*) AO, *Evenkijskij* AO, *Čitinskaja* O, *Aginskij Burjatskij* AO, *Korjakskij* AO und die Republik Tschetschenien waren nicht für alle Variablen Daten verfügbar.

6.3.4). Es ist nicht auszuschliessen, dass in einem Regime wie dem gegenwärtigen russischen und bei einer Partei mit der Informationsmacht der ER in öffentlich zugänglichen Quellen systematisch Informationen vorenthalten werden. Signifikanztests werden deshalb als Robustheitstests für die Regressionskoeffizienten interpretiert.

Signifikanzniveaus werden verzerrt, falls die Annahme der Homoskedastizität der linearen Regression verletzt ist. Die Abbildungen 5 und 6 (Anhang V) zeigen, dass für die abhängige Variable duma07 ein starker Verdacht auf Heteroskedastizität besteht. Deshalb kann eine Rückwärtselimination, die sich an den Signifikanzwerten orientiert, nicht ohne Vorsichtsmassnahmen durchgeführt werden. Wenn die abhängige Variable auf eine Weise transformiert wird, die zu einer symmetrischen Verteilung führt, wird die Heteroskedastizität beseitigt (Kohler und Kreuter 2006: 244). Eine multivariate Analyse mit der entsprechend transformierten abhängigen Variable *bcduma07* zeigt, dass sich die Eliminierung der Variablen in der Reihenfolge unterscheidet und im letzten Modell (17b, Anhang V.4) statt der Kontrollvariable *ressou*, die Kontrollvariable *moskauln* verbleibt. Der positive Zusammenhang des Ressourcenvorkommens mit dem Wahlerfolg der Machtpartei ist deshalb wahrscheinlich auf die Heteroskedastizität und nicht auf theoretisch relevante Gründe zurückzuführen und wird nicht interpretiert. Die Signifikanzniveaus der robustesten Variablen ändern sich kaum und auch die standardisierten Regressionskoeffizienten (Beta) unterscheiden sich von den Modellen mit transformierter Variable zu den Modellen mit nicht transformierter Variable nicht stark. Die Interpretation der Regressionskoeffizienten in den Modellen mit der transformierten abhängigen Variable gestaltet sich schwierig, da diese Koeffizienten nicht-lineare Zusammenhänge aller unabhängigen mit der nicht-transformierten abhängigen Variable modellieren, die theoretisch nicht zu begründen sind. Deshalb werden im Folgenden die Modelle mit der nicht transformierten abhängigen Variable besprochen (Modelle 9a – 17a). Die Resultate der zweiten Analyse dienen zur Relativierung und Kontrolle der Angemessenheit der Interpretation (Modelle 9b – 17b). Multikollinearität liegt nicht vor (Anhang V.5).

Tabelle 7: Resultate der multivariaten Regressionsanalyse

	Modell 15a	Beta	Modell 16a	Beta	Modell 17a	Beta
gouv	4.619**	0.196	4.325**	0.184	4.167**	0.177
	(1.999)		(1.970)		(1.973)	
rep	10.911***	0.428	11.032***	0.432	10.812***	0.424
	(2.486)		(2.48)		(2.483)	
Dorf	0.305***	0.368	0.309***	0.372	0.269***	0.325
	(0.087)		(0.086)		(0.081)	
moskauln	0.598	0.081				
	(0.657)					
geber	3.002	0.127	2.690	0.113		
	(2.184)		(2.155)			
ressou	3.437*	0.153	4.022**	0.179	4.004**	0.178
	(1.980)		(1.871)		(1.878)	
Konstante	42.745***		46.762***		49.037***	
	(5.56)		(3.441)		(2.930)	
R^2 (korrigiert)	0.478		0.479		0.475	
F-Test	13.19		15.7		19.1	
N	81		81		81	

Erläuterungen: Abhängige Variable: duma07 = Regionaler Stimmenanteil ER bei den Dumawahlen 2007 in Prozent; Unstandardisierte Koeffizienten;Zweiseitiger Test: *p < 0.1, **p < 0.05, ***p < 0.01, Standardfehler in Klammern, standardisierter Koeffizient in der Spalte Beta.
Quelle: Eigene Berechnungen der Autorin.

6.3.2. Ergebnis: Entscheidender Einfluss der Gouverneure

Über alle Modelle hinweg und auch in der Analyse mit transformierter abhängiger Variable bleibt dieselbe unabhängige Variable 'signifikant'. Der Stimmenanteil der Machtpartei steigt in den Föderationssubjekten, in denen der Gouverneur oder Präsident ein Parteiamt inne hat um deutlich mehr als vier Prozentpunkte an. Das mag im Vergleich mit der Zweidrittelmehrheit, die die Machtpartei in den Dumawahlen schliesslich erzielt hat, als wenig erscheinen. Da jedoch die Zweidrittelmehrheit für eine Hegemonialpartei die kritische Grenze ist und zudem nur wenige Prozente der Stimmenanteile über die Nichtvertretung von Oppositionsparteien im Parlament entscheiden können, darf die Bedeutung dieses Einflusses auf den Wahlausgang nicht unterschätzt werden (Fish 2005: 53). Der wahlentscheidende Einfluss der Gouverneure und Präsidenten von Föderationssubjekten wurde sowohl für die Parlamentswahlen 2003 als auch schon für frühere Wahlen festgestellt (Turovksij 2004a, Gel'man et al. 2003). Der starke positive Zusammenhang zwischen dem Republikstatus eines Föderationssubjektes und dem Wahlerfolg von ER lässt den Schluss zu, dass die mehrheitlich autoritär geführten Republiken auch in Wahlen einfacher zu lenken sind, wie das auch schon frühere Untersuchungen zeigten (Turovskij 2004a, Moraski 2006). Dass der Zusammenhang zwischen der Parteibindung des Gouverneurs und dem Wahlerfolg jedoch in den Modellen trotz der Kontrolle für den Republikstatus robust bleibt, bedeutet, dass Gouverneure unabhängig vom Status ihres Föderationssubjektes einen Einfluss auf das Wahlresultat haben. Die Bedeutung dieses Einflusses hat sich verändert, seit die Vorsteher der Föderationssubjekte wieder direkt vom Präsidenten in ihr Amt eingesetzt werden, deshalb stark von dessen Gunst abhängig sind und manchmal schon als Beamte der Präsidialadministration bezeichnet werden. In Bezug auf den Fiskalföderalismus (siehe 4.1.1) muss also die Frage neu gestellt werden, ob die Machtvorteile immer noch bei den Vorstehern von Geberregionen liegen. Die Dummyvariable zur Kontrolle der Geberregionen (*geber*) weist denn auch entgegen den Erwartungen einen positiven Korrelationskoeffizienten auf und könnte somit darauf hinweisen, dass die Verhandlungsvorteile von Geberregionen mit der Abschaffung der Volkswahl der Gouverneure weggefallen sind. Da die Variable keine signifikanten Koeffizienten aufweist (vgl. auch Modelle 9b – 17b), muss dieses Ergebnis mit Vorsicht betrachtet werden. Insbesondere fehlt in der durchgeführten Analyse eine Kontrollvariable, die den sehr unterschiedlichen Wohlstandsniveaus der Föderationssubjekte Rechnung trägt, da nicht alle der reichsten Föderationssubjekte zu den Gebern gehören (siehe 4.1.1)[21]. Die Interpretation wird jedoch von den signifikanten und positiven Korrelationskoeffizienten der Kontrollvariable *ressou* gestützt. Weil die Unternehmen im Energiesektor föderal operieren und mit dem Zentralstaat kooperieren, fällt es leichter, wirtschaftlichen Druck auf Regionen auszuüben, in denen Roh-

21 Die Kontrollvariable *bip0305* misst die durchschnittliche Zunahme des regionalen BIP in Prozent des Vorjahreswert von 2003 bis 2005 und bezieht sich nicht auf den Wohlstand relativ zu den andern Provinzen, sondern auf die Annahme, dass Wahlberechtigte den amtierenden Machthabern dort freundlicher gesinnt sind, wo die jüngste wirtschaftliche Entwicklung positiv war (siehe Anhang IV).

stoffe zur Energiegewinnung gefördert werden. Der Zusammenhang der Variable *gouv* mit dem regionalen Stimmenanteil der Machtpartei erlaubt kein abschliessendes Urteil, ob der Gouverneur oder Präsident tatsächlich die Wählermobilisierung beeinflusst oder ob erst der hohe Stimmenanteil seine Kooperation bewirkt hat. Auch wenn die Parteimitgliedschaft des Gouverneurs die kausale Ursache ist, so muss sein Einfluss auf das Wahlresultat nicht über die Wirtschaftspolitik oder Anreize für ein Bestrafungsregime erfolgt sein, sondern kann auch auf die Gewohnheit der Wahlberechtigten zurückzuführen sein, die ihre Stimme gemäss den Präferenzen des mächtigsten Mannes in der Provinz abgeben (vgl. Gorčeva 2003: 7 ff.).

6.3.3. Kein Einfluss der anderen Elitenakteure

Weder die Parteibindung der politischen Vertreter des Zentrums in den Regionen, die Parteibindung der Wirtschaftsakteure, noch die Parteibindung leitender Angestellter öffentlicher Einrichtungen stehen gemäss der Regressionsanalyse in einem Zusammenhang mit den Stimmengewinnen der Machtpartei. Das Resultat ist erstaunlich, weil unlautere Aktivitäten von Vertretern solcher Einrichtungen zu den von Wahlbeobachtungsorganisationen am häufigsten kritisierten Vorkommnissen der Wahlen 2007 zählen (siehe 4.3). Eine mögliche Interpretation ist, dass Beobachtungen wie die massenhafte Verteilung von Abwesenheitsbestätigungen von staatlichen Stellen, wahrscheinlich von den Wahlkommissionen (RIK und TIK) organisiert wurden, die nicht untersucht wurden. Möglicherweise wurden die Akteure der untersuchten Kategorie unabhängig von ihrer Parteizugehörigkeit von politischen Akteuren unter Druck gesetzt. Hier sei daran erinnert, dass der Bildungsminister, sein Stellvertreter und der Verkehrsminister, in deren Einflussbereich zahlreiche staatliche Einrichtungen gehören, ein Parteiamt bekleiden. Deshalb müsste genauer untersucht werden, welche politischen Akteure über die Personalpolitik und Budgets in solchen Einrichtungen bestimmen – die föderalen Ministerien, deren Parteibindung in den Regionalsektionen keinen Zusammenhang mit den Stimmengewinnen aufweist, die Gouverneure oder Präsidenten, die bedeutenden Einfluss auf das Wahlergebnis haben oder die Legislativen, in denen mehrheitlich ER-Vertreter sitzen? Falls die genannten Akteure ihren Einfluss auf Wahlberechtigte nur auf Druck ihrer staatlichen Vorgesetzten ausüben, so ist die Abhängigkeit der Machtpartei von ihren staatlichen Fürsprechern immer noch hoch und vermindert die Selbstständigkeit der Parteiorgane. Es kann auch nicht ausgeschlossen werden, dass die induktiven Schlussfolgerungen aus Wahlanalysen und Wahlbeobachtungsberichten, aus denen die Hypothese 3 gebildet wurde, falsch sind, wenn sie für alle Föderationssubjekte verallgemeinert werden.

Die Parteibindung der Wirtschaftsverbände steht ebenfalls in keinem Zusammenhang mit den Stimmengewinnen der Machtpartei. Gut möglich ist, dass die Kontrolle der Wirtschaftsverbände kein geeigneter Indikator für die Kontrolle der Privatwirtschaft ist, da die meisten nach einer kurzen Blütezeit in den 1990er Jahren schon wieder im Begriff sind, in der Bedeutungslosigkeit zu verschwinden (siehe 4.1.1). Erstaunlicher ist, dass die Parteibindung der Vertreter der Energie- und Finanzsektoren keinen Zusammenhang mit den Stimmengewinnen aufweist. Trotzdem kann nicht ausgeschlossen werden, dass die russischen Wirtschaftseliten nicht mehr den wahlentscheidenden Einfluss haben, der ihnen seit den wilden Privatisierungen in den 1990er Jahren nachgesagt wird. Oder aber, dass – im Einklang mit der Beurteilung der Partei durch Korgunjuk (2006) – die Eliten ihren politischen Einfluss nicht über die Parteistrukturen ausüben, sondern den direkten Kontakt mit politischen Akteuren mit staatlichen Funktionen suchen und die Partei deshalb nur pseudohegemonial genannt werden kann. Wenn dem so ist, dann ist für die Wirtschaftsakteure nach wie vor der Staat der direkte Adressat für Anliegen und sie organisieren ihre politischen Interessen nicht unabhängig in Verbänden oder Parteien (vgl. Merkel 1999: 513 f.).

6.3.4. Aussagekraft der Modelle

Die Modelle erklären um die vierzig Prozent der Varianz in der abhängigen Variable, in den Modellen mit transformierter abhängiger Variable sind die Werte des Bestimmtheitsmasses R^2 etwas niedriger. Es fehlen also wichtige Einflussgrössen auf den Stimmenanteil der Machtpartei in den Modellen, wenn man von Messfehlern absieht. Dass viele Variablen sehr kleine Korrelationskoeffizienten aufweisen, kann heissen, dass einige Kontrollvariablen aufgrund falscher theoretischer Überlegungen einbezogen wurden und bei der Hypothesenbildung zum Teil nicht relevante Eliteakteure identifiziert wurden. Statt der Variable *bip0305* mit dem überraschenderweise negativen Vorzeichen, hätte vielleicht eine Kontrollvariable für die Preisentwicklung, die Entwicklung der Inflation oder der Arbeitslosigkeitsrate eher die wirtschaftliche Entwicklungen gemessen, die die Wahlberechtigten in ihrer Wahlentscheidung beeinflussen (Arzheimer und Schmitt 2005: 283, vgl. auch Moraski 2006). Ausserdem wurde nicht für die wenigen noch übrig gebliebenen Föderationssubjekte kontrolliert, in denen zum Zeitpunkt der Wahlen immer noch eine andere Partei als die ER die Mehrheit in der regionalen Legislative inne hatte, was gemäss den Überlegungen zu den unsicheren Wahlalternativen für die Wählerinnen und Wähler einen Einfluss auf ihre (Nicht-)Unterstützung der Machtpartei haben könnte (siehe 3.2.1). Drittens diskutiert Magaloni (2006) auch die Erwartung von gewalttätigen Ausschreitungen nach einem bestimmten Wahlergebnis unter den Wählerinnen und Wählern als entscheidenden Einflussfaktor auf das Wahlverhalten. Gerade wenn man bedenkt, dass die bewaffneten Konflikte im Nordkaukasus nicht zum Stillstand kommen, sich sogar von Tschetschenien auf die Republiken Dagestan, Inguschetien und *Karačaevo-Čerkessija* ausweiten (Hassel 2008) und die Russische Föderation sich auch ausserhalb ihrer Grenzen in Konflikte einmischt – man denke an Südossetien und das angespannte Verhältnis zu Georgien – müssten Überlegungen der Wahlberechtigten in Bezug auf die innere Sicherheit und Gewaltfreiheit in künftige Untersuchungen einbezogen werden (vgl. die Umfrageergebnisse des Levada-Zentr 2006). Die Verbindung zwischen äusserer und innerer Bedrohung und dem Wahlerfolg der Machtpartei müsste sowohl theoretisch als auch empirisch untersucht werden, Bacon et al. (2006) liefern dazu einen Ansatz. Viertens kann der grosse Anteil der unerklärt gebliebenen Varianz auf die Wählerpräferenzen zurückgeführt werden. Möglicherweise werden die Stimmengewinne, die nicht durch Betrug bei der Stimmenauszählung oder bei der Publikation von angepassten Resultaten erreicht werden, tatsächlich nicht dank den Eliten gewonnen, die durch ihre administrativen, politischen und ökonomischen Ressourcen Anreize zur Wahl der Machtpartei schaffen, sondern dank der politischen Übereinstimmung der Wählerpräferenzen und der Politik der Machtpartei, worauf Umfragen zu Wahlabsichten hinweisen (vgl. Levada-Zentr 2007).

Schliesslich lohnt sich ein Blick auf einige Ausreisser, die die Regressionskoeffizienten stark beeinflussen (siehe Anhang V.6). So erreichte ER in der Republik *Karačaevo-Čerkessija* 92.9 % und im *Čukotskij* AO 78.13 % der Stimmen, obwohl die Gouverneure beider Provinzen kein Parteiamt inne haben. Zudem gibt es Provinzen, in denen trotz Republikstatus die Machtpartei keine überdurchschnittlichen Stimmengewinne erzielte (*Udmurtskaja*, *Chakasija* und *Karelija*). Um die Ausreisser zu verstehen, würde es sich lohnen, auch die Akteurkonstellationen innerhalb der Föderationssubjekte zu untersuchen. Hier sei an die diskutierten Konflikte zwischen Gouverneuren und den Bürgermeistern von Provinzhauptstädten erinnert (siehe 4.1.1). Es sind jedoch einige Fälle mit extremen Werten in der abhängigen Variable unter den Ausreissern (*duma07* > 90 %), für die vermutlich vor allem Wahlbetrug verantwortlich ist. Eine mögliche Lösung für dieses Problem wäre eine Regressionsanalyse, die extreme Werte in der abhängigen Variable weniger stark gewichtet (Kohler und Kreuter 2006: 229).

Zu guter Letzt darf nicht vergessen werden, dass die abhängige Variable erst Monate nach den Parlamentswahlen aus amtlichen Daten der Zentralen Wahlkommission gebildet wurde. Ob diese Daten die Stimmabgaben der Wahlberechtigten valide abbilden, muss bezweifelt werden. Denn unabhängig davon, ob beträchtliche Stimmenanteile durch die hier untersuchten Mechanismen gewonnen wurden, unterliegen die Wahlresultate in der Russischen Föderation manchmal noch nach der ersten Veröffentlichung beträchtlichen Veränderungen. So hat beispielsweise die *Novaja Gazeta* nach den Präsidentschaftswahlen 2008 folgenden Fall aufgedeckt: Die Resultate in den drei Wahlkreisen der *Omskaja* O, in denen der Präsidentschaftskandidat Medvedev gemäss ersten Veröffentlichungen unterdurchschnittlich schlecht abschnitt, wurden zwei Tage nach dem Wahlgang nach oben korrigiert, nachdem die Originalprotokolle der UIK beim Bruch eines Heizungsrohrs zerstört worden waren (Borodjanskij 2008). Deshalb sind die Bestimmungsfaktoren des Wahlentscheids der Wählerinnen und Wähler wohl in der abhängigen Variable nur noch verzerrt abgebildet. Die Interpretation des Journalisten deutet auf einen Zusammenhang zwischen der Parteibindung des Gouverneurs und Stimmengewinnen von Kremlkandidaten hin: Der Gouverneur von Omsk ist Mitglied des Höheren Rates von ER und habe es sich deshalb nicht leisten können, dass Medvedev in seiner Provinz in der Rangliste der Föderationssubjekte schlecht abschneidet (Borodjanskij 2008).

6.4. Fazit Akteurkonstellationen

Die Hypothese 2 (4.1.2) besagt, dass der Wahlerfolg der Machtpartei in diesen Föderationssubjekten höher sein sollte, in welchen die Vorsitzenden von Wirtschaftsverbänden und Mitglieder der Geschäftsführung von Unternehmen im Finanzsektor und in den Energiesektoren Öl, Gas und Kohle an die Machtpartei gebunden sind. Die Hypothese 3 (4.3.2) besagt, dass sich die Parteibindung von leitenden Angestellten in öffentlichen Einrichtungen des Bildungs- und des Gesundheitswesens, sowie von leitenden Angestellten staatlicher Betriebe günstig auf die Stimmengewinne von ER auswirken sollen. Beide Hypothesen werden von der vorliegenden Untersuchung nicht bestätigt. Die Resultate zu Hypothese 1 besagen, dass die Parteibindung der Vorsteher der regionalen Exekutiven Einfluss auf das Wahlergebnis hat, diejenige der Vertreter der Föderation in den Provinzen jedoch nicht. Die enge Verflechtung von politischen mit Parteiämtern in der Mutterpartei bei der zentralisierten Steuerung der Partei liefert eine mögliche Erklärung dafür: Wie erwähnt hat zwar die Legislative, in der viele Parteifunktionäre sitzen, im semi-präsidentiellen System der RF eine schwache Stellung und die ebenfalls vertretenen Regionalpolitiker sind seit den neusten Föderalismusreformen wieder stark von der Gunst des Präsidenten abhängig. Einige zentrale Figuren wie die vielen Gouverneure bedeutender Provinzen – zum Beispiel *Šaimiev*, Präsident der Republik *Tatarstan* und *Lužkov*, Bürgermeister von Moskau, beide Ko-Präsidenten des Höheren Rates von ER – oder wie zwei wichtige Figuren im Zentralstaat – *Sobjanin* und *Beglov*, die gleichzeitig Schlüsselpositionen in der mächtigen Präsidialverwaltung und ein Amt im Höheren Rat der Partei inne haben – sind ebenfalls an die Partei gebunden. Zusammen mit der Summe der Anstrengungen der vielen 'kleinen' Akteure wie Parlamentarier und Regionalpolitiker kann die Partei vielleicht doch Hindernisse für 'grosse' nicht-kooperierende Elitenakteure schaffen, oder ein Trumpf sein für solche, die kooperieren.

Zudem sagt die Untersuchung zwar, dass die Parteibindung einiger mächtiger Akteure in keinem Zusammenhang mit den Stimmengewinnen der Machtpartei steht, sie sagt jedoch nicht, dass diese mächtigen Akteure unabhängig von ihrer Parteizugehörigkeit nicht doch den Wahlerfolg beeinflussen können. Man denke an die Wirtschaftseliten, die vielleicht durch die Maschen der vorliegenden Analyse gefallen sind, weil sie weder unter den offiziellen Spendern der Partei auftauchen, noch unter den Parteifunktionären. Falls solche Akteure wahlentscheidenden Einfluss haben, diesen aber direkt im Zusammenspiel mit staatlichen Stellen ausüben sollten, ist das keine gute Zukunftsprognose für eine Hegemonialpartei. Sie bleibt somit von der Gunst staatlicher Akteure abhängig und hat den Schritt von einer Macht- zu einer Hegemonialpartei nicht geschafft. So lange jedoch der Präsident Interesse am Erfolg der Partei hat, der direkt die Vorsteher der Föderationssubjekte mit ihrer zentralen Rolle kontrollieren kann, so kann sich die Partei vielleicht noch Zeit lassen mit der Anwerbung von Regierungsmitgliedern und Chefbeamten, ohne eine Palastrevolution befürchten zu müssen.

7. Synthese

Die vorliegende Arbeit war durch den Personalwechsel an der Spitze eines der einflussreichsten Staaten der Welt motiviert. Abschliessend werden hier die Ergebnisse zusammengefasst (7.1) und kritisch gewürdigt (7.2). Weil sich inzwischen schon einige neue Entwicklungen abzeichnen, werden die Ergebnisse auch mit einem vorsichtigen Blick in die Zukunft beurteilt (7.3).

7.1. Zusammenfassung

Die Arbeit untersuchte die erste, was Stimmengewinne betrifft erfolgreiche Machtpartei in der Russischen Föderation und wollte herausarbeiten, ob die Partei diese Stimmen durch die Parteibindung der Eliten gewinnt. Ausgangspunkt der Untersuchung war die Feststellung, dass Transformations- und Demokratisierungstheorien zur Erklärung dieses Phänomens nicht angebracht sind. Dies einerseits, weil sich das aktuelle Regime in der Russischen Föderation stabilisiert hat und der Staat durchsetzungsfähiger geworden ist, was schlecht ins Bild eines Transformationslandes passt. Andererseits kann diese Entwicklung vor allem im Hinblick auf die zivilen und politischen Freiheiten nicht als erfolgreiche Demokratisierung bezeichnet werden. Die Forschungsfrage ist zum einen theoretisch begründet, da die Elitebindung eines der zwei Probleme kollektiven Handelns ist, die eine Hegemonialpartei zur Stabilisierung ihrer Macht überwinden muss (Smyth et al. 2007). In den einschlägigen Theorien ist jedoch nicht klar, welches der beiden Probleme kollektiven Handelns als Voraussetzung für die Lösung des andern überwunden werden muss – ist es tatsächlich die Elitebindung, die eine erfolgreiche Wählermobilisierung ermöglicht? Oder kooperieren Eliten nicht vielmehr erst dann, wenn die Hegemonialpartei einen genügend grossen Wähleranteil mobilisiert hat (Magaloni 2006)? Wegen Eigenschaften der politischen Kultur in der Russischen Föderation (Gorčeva 2003), und weil allgemein angenommen wird, dass nur eine Partei mit starker und weit verzweigter Organisationsstruktur in der Lage ist, Wahlen mit solchem Erfolg zu gewinnen (Magaloni 2006), konzentriert sich die Arbeit auf die erste Frage. Diese Frage lässt sich zum andern aus einer aktuellen Diskussion unter russischen Analytikerinnen und Analytikern ableiten, die aus verschiedenen Gründen die Organisationsstärke der Machtpartei und die langfristige Parteibindung der Eliten bezweifeln (Makarkin 2005, Korgunjuk 2006 und 2007c, Stanovaja 2006 u.a.). Geleitet von diesen theoretischen Grundlagen und dem Ansatz des akteurzentrierten Institutionalismus (Scharpf 2000) wurden anschliessend das politische System und die formellen sowie mögliche informelle Wahlinstitutionen in der RF untersucht. Daraus wurden die Hypothesen abgeleitet, dass sich die Parteibindung (1) der Vertreter der föderalen Regierung, der Präsidialverwaltung und der regionalen Exekutiven und Gouverneure bzw. Präsidenten der Föderationssubjekte; (2) der Vertreter von Wirtschaftsverbänden sowie von Unternehmen der Sektoren Energie und Finanzen; (3) der Leiter von öffentlichen Einrichtungen des Gesundheits- und Bildungswesens sowie von Staatsbetrieben günstig auf die Stimmengewinne der Machtpartei auswirken könnte. Für die statistische Analyse wurde die Parteibindung der Eliten in den Föderationssubjekten gemessen und deren Zusammenhang mit den regionalen Stimmenanteilen der ER untersucht. Die einzige Kategorie von Eliteakteuren, deren Parteimitgliedschaft einen robusten und bedeutenden positiven Zusammenhang mit den Stimmengewinnen aufweist, sind die Gouverneure und Präsidenten von Föderationssubjekten. Die Ergebnisse können bedeuten, dass die Partei keinen Rückhalt unter den einflussreichen Eliten hat und ihren Wahlerfolg Faktoren verdankt, die in der vorliegenden Arbeit nicht diskutiert wurden; so zum Beispiel der Popularität Putins (vgl. Rose 2007), den hohen Erdölpreisen, die die russische Volkswirtschaft ankurbeln und die Wahlberechtigten milde stimmen, und schliesslich dreisten Fälschungen der Wahlresultate, die die Zahlen dort anpassen, wo sie nicht ins Bild einer Hegemonialpartei passen (vgl. Fish 2005, Borodjanskij 2008). Ebenso wahrscheinlich ist, dass es der Partei zumindest in der aktuellen Aufbauphase dank ihrer hierarchischen Struktur und Entscheidungsfähigkeit reicht, einige Schlüsselfiguren in den Provinzen und im Zentralstaat, sowie viele zweitrangige politische Akteure wie Mitglieder von Legislativen zu binden, um sich die hohen Stimmengewinne zu sichern.

7.2. Kritische Einordnung der Ergebnisse

Schon die Interpretation der Resultate zeigte einige Schwachstellen der Untersuchung. Der Begriff Parteibindung der Eliten wurde als selbsterklärend verwendet, was zum Teil dafür verantwortlich sein kann, dass die Resultate der empirischen Untersuchung schwierig zu interpretieren sind. So kann theoretisch nicht hinreichend begründet werden, aufgrund welcher theoretischer Annahmen sich Eliteakteure loyaler zu einem autokratischen Regime verhalten, wenn sie ein Amt in dessen Machtpartei inne haben. Im russischen Kontext ist die Operationalisierung der Parteibindung mit der Ausübung eines Parteiamtes vergleichsweise streng. So zählt beispielsweise Schneider (2006: 7) alle Politiker mit einer gewissen „Nähe“ zu einer Partei, die zum Beispiel durch eine Kandidatur auf deren Liste zum Ausdruck kommen kann, als an eine Partei gebunden. Ebenso wurde nicht hinreichend diskutiert, inwiefern es einer Machtpartei langfristig schadet, wenn sie sich vor allem auf staatliche Strukturen und Machtbeziehungen stützt, um zentrale Akteure zu beeinflussen. Die Arbeit folgte – wenn auch nicht ganz konsequent – der Annahme von Smith (2005), dass eine Partei in einem autokratischen Regime nicht in erster Linie von staatlichen Ressourcen abhängen darf und eine eigene Ressourcen- und Mitgliederbasis schaffen muss, um langfristig bestehen zu können. Dieser Aspekt der 'Schwäche' von ER bildet auch den Kern der Diskussionen, in denen an der tatsächlichen Macht der Machtpartei gezweifelt wird. In der Theorie von Magaloni (2006), die in der vorliegenden Analyse hauptsächlich verwendet wurde, wird der ER die Organisationsstärke zwar abgesprochen, dieser Aspekt von Hegemonialparteien wird jedoch theoretisch und auch im Fall der mexikanischen Hegemonialpartei kaum diskutiert. Diese Lücke besteht also nicht nur in der vorliegenden Arbeit, sondern auch in der Theorie und eine Bearbeitung würde sich lohnen. Obwohl die vorliegende Analyse auch ein zwiespältiges Urteil über die Stärke der Machtpartei fällt, so hat sie doch die Parteistrukturen als hierarchisch und zentralisiert identifiziert und aufgezeigt, dass die offiziellen ökonomischen

Ressourcen nicht aus Quellen kommen, von denen angenommen werden kann, dass sie sich durch ihre Unterstützung politische Dienste erkaufen.

Eine zweite Schwachstelle der Untersuchung ist das Konzept der informellen Institutionen. Zwar scheinen informelle Institutionen und besonders Klientelismus als Erklärungen für viele Phänomene in der Russischen Föderation zu passen. Doch es ist schwierig, informelle Institutionen zu identifizieren und ihre Eigenschaften als Datenmaterial für eine empirische Untersuchung auszuwerten. Eine Feldstudie wäre nötig, in der die Erwartungen und Sanktionierungen von Akteuren genauer analysiert werden können, um die Konzepte hinreichend klar anzuwenden und fundiertere Hypothesen zu bilden. Drittens zeigt die vorliegende Untersuchung nicht nur die Möglichkeiten, sondern auch die Grenzen einer Fallstudie. So sind gründliche Analysen eines Falles, wie beispielsweise der Struktur und Aufbau der Machtpartei, zwar eine Voraussetzung für gut fundierte Aussagen und ermöglichen es, angemessene Theorien zu finden und anzuwenden. Andererseits ist der Schritt von der deskriptiven zur kausalen Aussage ohne Vergleiche kaum möglich. Mit dem Vergleich der Föderationssubjekte wurde versucht, dieses Problem zu entschärfen. Obwohl es ein Ratschlag von hoher Warte aus ist, in Fallstudien die Beobachtungszahl zu vergrössern, in dem unter- und übergeordnete Untersuchungseinheiten als Vergleichsgrössen hinzugezogen werden (King et al. 1994: 48), birgt dieses Vorgehen auch Stolpersteine. Ist die Machtpartei in der Russischen Föderation nicht zu zentralisiert organisiert, als dass kleine regionale Unterschiede im Ausmass der Elitebindung die Stimmengewinne tatsächlich mehr beeinflussen als regionale politische Interessen oder regional bedingte politische Kulturen? Möglicherweise sind auch die zentralisierten und hierarchischen Beziehungen im politischen System in der Russischen Föderation in Bezug auf den Ausgang von föderalen Wahlen entscheidender als die föderalistischen Elemente. Eine ähnliche Untersuchung mit den Resultaten von Regionalwahlen als abhängige Variable könnte hier vielleicht Aufschluss geben.

7.3. Ausblick

Die Untersuchung macht drei wichtige Aussagen zur Machtpartei ER und zu Hegemonialparteien:

(1) In Wahlbeobachtungsberichten und Wahlanalysen gibt es zahlreiche Hinweise auf Vorgänge bei Wahlen in der RF, die den Elementen des Modells des Bestrafungsregimes von Magaloni (2006) entsprechen. Wenn sich die aus dieser Analyse gebildete Hypothese auch nicht bestätigen liess, so täten zukünftige Untersuchungen der Gründe für die Wählermobilisierung zugunsten der Partei ER gut daran, neben Wählerpräferenzen und Betrug auch klientelistische Erklärungen herbeizuziehen. Es würde sich dabei lohnen, das Modell Magalonis (2006) anhand weiterer Fälle zu testen und zu verfeinern.

(2) Die Machtpartei ER weist mit ihrem hohen Grad an Professionalisierung und Zentralisierung, mit der verbreiteten Kumulation von Parteifunktionen mit politischen Ämtern und mit den weitreichenden Kompetenzen der Zentralpartei im Vergleich mit denen der Parteimitglieder in politischen Ämtern viele Eigenschaften auf, die bei andern jungen Parteien in Ostmitteleuropa beobachtet wurden (van Biezen 2003). Der geringe Anteil der offiziellen staatlichen Finanzierung am Gesamtbudget der ER ist der wichtigste Unterschied sowohl zu jungen Parteien in Nachbarländern als auch zu den anderen Parteien in der RF. Ein Vergleich von Hegemonialparteien mit Parteisystemen, die viele Ähnlichkeiten aufweisen und unter zum Teil ähnlichen Voraussetzungen entstanden sind, könnten Aufschluss über die besondere Rolle von ER geben.

(3) Zahlreiche Mitglieder der politischen Elite kooperierten schon vor der jüngsten und in der Arbeit nicht diskutierten Rochade an der Spitze der politischen Elite in der RF mit der Machtpartei. Zwar waren das zu grossen Teilen nicht die einflussreichsten politischen Akteure, doch das hat sich geändert, seit Putin gleichzeitig den Partei- und den Regierungsvorsitz übernommen hat. Das könnte einerseits heissen, dass die Partei ihren Platz als einzige Organisation, die Zugang zu Amt und Würden eröffnet, stärkt. Andererseits muss sich erst noch zeigen, ob der neue Präsident Medvedev seine Macht auf die Unterstützung durch die Partei aufbauen wird. Und ob die Regierungsmitglieder und Chefbeamten, falls er dass nicht tut, ihm oder der Partei die Treue halten. Mittlerweile haben zwischen den Exekutivorganen der Prä-

sidialverwaltung und denen der Regierung schon einige erstaunliche Machtverschiebungen stattgefunden: Eines der letzten Gesetze, das Vladimir Putin als Präsident unterschrieben hat, überschrieb die Regulierung von ausländischen Investitionen in strategischen Industriezweigen der Regierung. Eine seiner ersten Amtshandlungen als Regierungschef war es, eine entsprechende Abteilung in der Regierung zu schaffen (Rogov 2008). Dies zeigt das Bemühen Putins, im Amt des Premiers nicht an politischer Macht zu verlieren. Andere Handlungen zeigen, dass die Personalpolitik und die Partei bei diesem Bemühen eine Rolle spielen werden: Erstens hat er seinem ehemaligen Leiter der Präsidialverwaltung – dem hier als Schlüsselfigur an der Schnittstelle zwischen den obersten politischen Eliten und der Machtpartei identifizierten Sergej Sobjanin – die Leitung des Regierungsapparates übertragen. Zweitens hat er sich bei seiner ersten Auslandreise im neuen Amt in präsidentieller Manier mit dem französischen Präsidenten getroffen und aussenpolitische Fragen erörtert, die in der RF eigentlich dem Präsidenten vorbehalten sind. Seine Legitimation dafür: er sei nicht nur Regierungschef, sondern auch „Chef der Partei mit der absoluten Mehrheit im Parlament“ (Rogov 2008).

Ihre Förderer haben die ER also zweifellos als Hegemonialpartei geplant und die Untersuchungsergebnisse zeigen, dass sie auch durchaus als Hegemonialpartei im Aufbau bezeichnet werden kann. Einige Schwachstellen können sich jedoch bei künftigen Wahlen als Stolpersteine erweisen, wenn sie bis dahin nicht ausgebessert worden sind. So üben gemäss der Analyse von Wahlbeobachtungsberichten leitende Angestellte von staatlichen Einrichtungen zwar erfolgreich Druck auf die Wahlberechtigten aus, tun das jedoch gemäss der statistischen Untersuchung nicht stärker, wenn sie an die Machtpartei gebunden sind. Unklar bleiben nach der vorliegenden Untersuchungen die Beziehungen der Machtpartei zu den Wirtschaftssektoren Energie und Finanzen. Weder als offizielle Spender noch in Parteiämtern scheinen Unternehmen dieser Sektoren an der Partei beteiligt zu sein. Ein bedeutender Teil der regionalen politischen Eliten und einige Schlüsselfiguren in der föderalen Regierung und der Präsidialverwaltung hingegen üben ein Parteiamt aus. Die Vorsteher der Föderationssubjekte beeinflussen zudem die Wahlergebnisse zugunsten der Machtpartei, wenn sie in dieser ein Parteiamt ausüben. Die

Machtpartei – selber zentralisiert und hierarchisch aufgebaut – könnte bei der Zentralisierung des politischen Systems in der RF eine unterstützende Rolle spielen. Deshalb sollte bei solchen Beobachtungen neben der Rolle der staatlichen Organe und der gegenwärtig möglichen und zweifellos interessanten Machtverschiebungen zwischen den Institutionen des Präsidenten und des Premierministers unbedingt auch die Entwicklung der Machtpartei weiter verfolgt werden. Die in dieser Untersuchung besprochene Gestalt der Machtparte bleibt eine Momentaufnahme einer Partei, die sich in Richtung Hegemonialpartei entwickelt. Ob sie sich als solche konsolidieren kann, hängt unter anderem davon ab, ob die Partei nur die Organisation einer populären Macht sein kann, oder ob sie bei einer wirtschaftlichen Rezession oder einer Häufung von Gewaltkonflikten im Nordkaukasus auch die Partei einer unpopulären Macht bleiben könnte, was Magaloni (2006) als die schwierigsten Herausforderungen für eine Hegemonialpartei bezeichnet und was Makarkin und Stanovaja (2005) in Bezug auf die ER bezweifeln.

Bibliographie

AMBÜHL, Mathias und Hans RIEDWYL (2000): *Statistische Auswertungen mit Regressionsprogrammen.* München/Wien: Oldenbourg.

ACKERET, Markus (2008): „Russlands Liberale beugen sich dem Kreml. Neue „Oppositionspartei" mit staatlicher Billigung gegründet". *Neue Zürcher Zeitung,* Nr. 269, 229. Jahrgang, 17.11.2008, S. 3.

ARMINGEON, Klaus und Romana CAREJA (2008): „Institutional Change and Stability in post-communist countries, 1990-2002". *European Journal of Political Research,* 47, Nr. 4, S. 411 – 435.

ARZHEIMER, Kai und Annette SCHMITT (2005): „Der ökonomische Ansatz". In: FALTER, Jürgen W. und Harald SCHOEN (Hrsg., 2005): *Handbuch Wahlforschung.* Wiesbaden: VS Verlag für Sozialwissenschaften, S. 243 – 303.

BACKHAUS, Klaus, Bern ERICHSON, Wulff PLINKE und Rolf WEIBER (1996): *Multivariate Analysemethoden.* Eine anwendungsorientierte Einführung. Berlin: Springer. Achte, verbesserte Auflage.

BACON, Edwin, Bettina RENZ mit Julian COOPER (2006): *Securitising Russia.* The domestic politics of Putin. Manchester und New York: Manchester University Press.

BIEZEN, Ingrid van (2003): *Political Parties in New Democracies.* Party Organization in Southern and East-Central Europe. Hampshire und New York: Palgrave Macmillan.

BORODJANSKIJ, Georgij (2008): „Protokoly omskich mudrecov". *Novaja Gazeta,* Nr. 24, 10.06 – 16.06.2008, S. 11.

BORISOV, Igor' Borisovič und Sergej ZASLAVSKIJ (2005): *Partii na buduščich vyborach: novoe zakonodatel'stvo.* Moskau: Evropa.

BURTON, Michael, Richard GUNTHER und John HIGLEY (1992): „Introduction: Elite Transformation and Democratic Regimes“. In: HIGLEY, John und Richard GUNTHER (Hrsg., 1992): *Elites and Democratic Consolidation in Latin America and Southern Europe.* Cambridge: Cambridge University Press. S. 1 – 35.

CHIRIKOVA, Alla und Natalya LAPINA (2001): „Political Power and Political Stability in the Russian Regions“. In: BROWN, Archie (Hrsg., 2001): *Contemporary Russian Politics.* A Reader. Oxford: Oxford University Press, S. 384 – 397.

COLTON, Thimoty J. und Michael MCFAUL (2003): *Popular Choice and Managed Democracy.* The Russian Elections of 1999 and 2000. Washington D.C., Brookings Institution Press.

DIAMOND, Larry (2002): „Thinking about Hybrid Regimes“. *Journal of Democracy,* 13/2, April 2002, S. 21 – 35.

EDINAJA ROSSIJA, Vserossijskaja političeskaja partija (2008): *Svodnyj finansovyj očet vserossijskoj političeskoj partii „Edinaja Rossija“ za 2007 god.* URL: http://www.cikrf.ru/poliparty/finance/2007/er.pdf, Stand vom 26.11.2008.

EDINAJA ROSSIJA, Vserossijskaja političeskaja partija (2007a): *Svodnyj finansovyj očet vserossijskoj političeskoj partii „Edinaja Rossija“ za 2006 god.* URL: http://www.edinros.ru/news.html?rid=3123, Stand vom 08.05.2008.

EDINAJA ROSSIJA, Vserossijskaja političeskaja partija (2007b): *Ustav vserossijskoj političeskoj partii „Edinaja Rossija“.* URL: http://www.edinros.ru/news.html?rid=3124#6, Stand vom 14.04.2008.

FISH, Steven M. (2005): *Democracy Derailed in Russia.* The Failure of Open Politics. Cambridge: Cambridge University Press.

GEL'MAN, Vladimir (2004): „The Unrule of Law in the Making: the Politics of Informal Institution Building in Russia“. *Europe-Asia Studies,* 56/7, S. 1021 – 1040.

GEL'MAN, Vladimir, Sergei RYZHENKOV und Michael BRIE (2003): *Making and Breaking Democratic Transitions.* The Comparative Politics of the Russian Regions. Oxford: Rowman and Littlefield Publishers, Inc.

GOLOS (Hrsg., 2007a): *Zajavlenije No. 3.* Moskau: Associacija „Golos“, 28. November 2007, URL: www.golos.org, Stand vom 12.03.2008.

GOLOS (Hrsg., 2007b): *Zajavlenije po itogam nabljudenija v den' golosovanija.* Moskau: Associacija „Golos", 4. Dezember 2007, URL: www.golos.org, Stand vom 12.03.2008.

GOLOS (Hrsg., 2007c): *Nabljudenije v den' golosovanija 2 dekabrja: analiz dannich.* Moskau: Associacija „Golos", 19. Dezember 2007, URL: www.golos.org/a1081.html, Stand vom 12.03.2008.

GOLOSOV, Grigorii V. (2006): „Disproportionality by Proportional Design: Seats and Votes in Russia's Regional Legislative Elections, December 2003 – March 2005". *Europe-Asia Studies* 58/1, Januar 2006, S. 25 – 55.

GONTMACHER, Evgenij Šlemovič (2007): „Novye Neformaly. Nepolitičeskaja samoorganizacija – poslednij klapan dlja graždanskoj aktivnosti rossijskogo srednego klassa". *Nezavisimaja Gazeta,* 14.12.2007.

GORČEVA, Alla Jurevna (2003): *Političeskij menedžment postsovetskoj Rossii.* Moskau: Izdatel'stvo Moskovskogo Universiteta.

HANSON, Philip (2006): „Federalism with a Russian face: regional inequality, administrative capacity and regional budgets in Russia". *Economic Change,* Nr. 39, S. 191 – 211.

HARREL, James (2008): *Developing optimal prediction equations in multivariate regression analysis.* URL: http://www.eeescience.utoledo.edu/faculty/harrell/courses/Stepwise_Regr_Notes.htm, Stand vom 16.06.2008.*[22]

HASSEL, Florian (2008): „Krieg auf kleiner Flamme. Der Guerillakrieg im Süden Russlands weitet sich aus". *Der Bund,* 159. Jahrgang, Nr. 134, 11.06.08, S. 5.

HELMKE, Gretchen und Stephen LEVITSKY (2004): „Informal Institutions and Comparative Politics: A Research Agenda". *Perspectives on Politics,* 2/4, S. 725 – 740.

HENKEL, Ramon E. (1976): *Tests of Significance.* Beverly Hills / London: Sage Publications.

[22] Die mit * bezeichneten Artikel wurden ohne Seitenzahlen publiziert, weshalb Zitate dieser Literatur auch ohne Seitenzahlen angegeben werden.

KAUFMANN, Daniel, Aart KRAAY und Massimo MASTRUZZI (2005): *Governance Matters IV: Governance Indicators for 1994–2006.* URL: www.worldbank.org/wbi/governance/pubs/govmatters4.html, Stand vom 07.04.2008.

KING, Gary, Robert O. KEOHANE, Sidney VERBA (1994): *Designing Social Inquiry: Scientific Inference in Qualitative Research.* Princeton: Princeton University Press.

KIRIČENKO, Leonid (2008): „U vlasti vsegda zakonnye pobedy. Izbiratel'noe zakonodatel'stvo v Rossii nadežno i praktično – nužnyj rezultat golosovanija obesbečivaet s garantiej“. *Nezavisimaja Gazeta*, 18.01.2008.

KOHLER, Ulrich und Frauke KREUTER (2006): *Datenanalyse mit Stata.* Allgemeine Konzepte der Datenanalyse und ihre praktische Anwendung. München / Wien: R. Oldenbourg Verlag. 2., vollständig überarbeitete und ergänzte Auflage.

KORGUNJUK, Jurij (2006): „Ot psevdodominirovanija k psevdogegemonii? Novinki rossijskogo partstroitelstva – leto-2006.“ *Politija,* 2/41.*

KORGUNJUK, Jurij (2007a): „Sumerki elektoral'noj inženerii. K partijno-političeskim itogam dumskoj kampanii 2007 g.“ *Partinform,* 52/778.*

KORGUNJUK, Jurij (2007b): „Igra na poniženie. Rossijskie partii pered dumskoj kampanej 2007 g.“ *Politija,* 2/45.*

KORGUNJUK, Jurij (2007c): „Sub"ekty bez svoistv. Rossijskie partii v izbiratel'noj kampanii 2007 g.“ *Politija,* 3/46.*

KORGUNJUK, Jurij (2008): „Zakat vtoroj partijnoj sistemy. Perspektivy rossijskich partij v svete itogov izbiratel'nogo cikla 2007-2008 gg.“ *Partinform,* 25/803.*

KUSZNIR, Julia (2006): „Die russische Territorialreform. Die Zusammenlegung von Regionen im politischen Kontext“. *Russlandanalysen,* Nr. 90, S. 2 – 4.

KUZES, Irina Y. und Lynn D. NELSON (2003): „Political and Economic Coordination in Russia's Federal District Reform: A Study of Four Regions“. *Europe-Asia Studies*, 55/4, S. 507 – 520.

KYNEV, Aleksandr (2007): „Izbiratel'naja reforma Vladimira Putina i regional'nye vybory“. *Žurnal „Neprikosnovennyj zapas“,* 50/6.*

LAUTH, Hans-Joachim (2000): „Informal Institutions and Democracy". *Democratization,* 7/4, S. 21 – 50.

LEVADA-ZENTR (2006): *„Demokratija" v Rossii.* Osnovnye rezultaty issledovanija. URL: www.levada.ru, Stand vom 14.01.2008.*

LEVADA-ZENTR (2007): *Rejtingi partij za 2007 god.* URL: http://www.levada.ru/reitingi2007.html, Stand vom 14.01.2008.*

LEVITSKY, Steven und Lucan WAY (2002): „The Rise of Competitive Authoritarianism". *Journal of Democracy,* 13/2, S. 51 – 65.

LIPSET, Seymour Martin und Stein ROKKAN (1967): „Cleavage Structures, Party Systems and Voter Alignments: An Introduction". In: DIES. (Hrsg. 1967): *Party Systems and Voter Alignments: Cross National Perspectives.* New York: The Free Press, S. 1 – 64.

LUCHTERHANDT, Otto (2002): „Präsidentialismus in den GUS-Staaten". In: DERS. (Hrsg., 2002): *Neue Regierungssysteme in Osteuropa und der GUS.* Probleme der Ausbildung stabiler Machtinstitutionen. Berlin: Verlag Arno Spitz GmbH, 2., aktualisierte Auflage, S. 255 – 371.

MAGALONI, Beatriz (2006): *Voting for Autocracy.* Hegemonic Party Survival and its Demise in Mexico. New York: Cambridge University Press.

MAKARKIN, Aleksej (2005): *Škura neubitogo medvedja.* URL: http://www.politcom.ru/article.php?id=306, Stand vom 05.02.08.*

MAKARKIN, Aleksej (2006): *Regional'nye vybory: „Edinaja Rossija" i levocentristy.* URL: http://www.politcom.ru/article.php?id=3511, Stand vom 05.02.08.*

MAKARKIN, Aleksej und Tatjana STANOVAJA (2005): *„Edinaja Rossija": ot partii vlasti k pravjaščej partii.* http://www.politcom.ru/article.php?id=1664, Stand vom 05.02.08.*

MCFAUL, Michael und Nikolai PETROV (2004): „What the Elections Tell us". *Journal of Democracy,* 15/3, S. 20 – 31.

MERKEL, Wolfgang (1999): *Systemtransformation.* Eine Einführung in die Theorie und Empirie der Transformationsforschung. Opladen: Leske und Budrich.

MERKEL, Wolfgang (2007): „Gegen alle Theorie? Die Konsolidierung der Demokratie in Ostmitteleuropa“. *Politische Vierteljahresschrift,* 48/3, S. 413 – 433.

MINISTERSTVO FINANSOV ROSSIJSKOJ FEDERACII (2006a): *Metodika i rezultaty razpredelenija subsidij iz federal'nogo fonda finansovoj podderžki subektov Rossijskoj Federacii na 2007 god.* URL: http://www1.minfin.ru/ru/budget/regions/mb/mb2007/, Stand vom 25.04.08.

MINISTERSTVO FINANSOV ROSSIJSKOJ FEDERACII (2006b): *Metodika i rezultaty razpredelenija subsidij iz federal'nogo fonda regional'nogo razvitii meždu subektami Rossijskoj Federacii na 2007 god.* URL: http://www1.minfin.ru/ru/budget/regions/mb/mb2007/, Stand vom 25.04.08.

MOMMSEN, Margareta (2004): „Das politische System Russlands“. In: ISMAYR, Wolfgang (Hrsg.): *Die politischen Systeme Osteuropas.* 2., aktualisierte und überarbeitete Auflage. Wiesbaden: VS Verlag für Sozialwissenschaften.

MORASKI, Bryon (2006): *Elections by design: parties and patronage in Russia's regions.* Illinois: Northern Illionois University Press.

MOSER, Robert G. (1999): „Independents and Party Formation. Elite Partisanship as an Intervening Variable in Russian Politics“. *Comparative Politics,* 31/2, S. 147 – 165.

MUNRO, Neil und Richard ROSE (2002): *Elections without Order.* Russia's Challenge to Vladimir Putin. Cambridge und New York, Cambridge University Press.

NACIONAL'NYJ CENTR MONITORINGA DEMOKRATIČESKICH PROCEDUR (Hrsg., 2008): Kratkij analitičeskij doklad ob izbiratel'noj kampanii po vyboram deputatov Gosudarstvennoj Dumy pjatogo sozyva. Moskau: Nezavisimyj institut vyborov.

NOVAJA GAZETA (2007): *Rabotnikov bjudžetnich učreždenij Peterburga prinuždajut brat' otkrepitel'noe udostoverenija dlja učastija v vyborach 2 dekabrja.* Novaja Gazeta 30.10.2007. URL: http://www.novayagazeta.ru/news/174421.html, Stand vom 20.11.2008.

ORTTUNG, Robert W. (2008a): *Nations in Transit – Russia 2008.* URL: http://www.freedomhouse.org/inc/content/pubs/nit/inc_country_detail.cfm?page=47&nit=465&year=2008&pf, Stand vom 13.11.2008.

ORTTUNG, Robert (2008b): „Das politische System Russlands steht bei der Auseinandersetzung mit der Wirtschaftskrise enormen Herausforderungen gegenüber". *Russlandanalysen,* Nr. 172, 31.10.2008, S. 8 – 12.

OSCE/ODIHR (Hrsg., 2004a): *Russian Federation. Elections to the State Duma 7 December 2003.* OSCE/ODIHR Election Observation Mission Final Report. Warschau: OSCE/ODIHR.

OSCE/ODIHR (Hrsg., 2004b): *Russian Federation. Presidential Election 14 March 2004.* Warschau: OSCE/ODIHR.

POPOVA, Maria (2006): „Watchdogs or Attack Dogs? The Role of the Russian Courts and the Central Election Commission in the Resolution of Electoral Disputes". *Europe-Asia Studies*, 58/3, Mai 2006, S. 391 – 414.f

RIMSKY, Vladimir (2004): „Bureaucracy, Clientage, and Corruption in Russia". *Obščestvennye nauki i sovremennost',* 6, S. 32 – 44.

ROGOV, Kirill (2008): „Putin v roli ‚odnogo okna'". *Novaja Gazeta*, Nr. 24, 10.06 – 16.06.2008, S. 8.

ROSE, Richard (2007): „The Impact of President Putin on Popular Support for Russia's Regime". *Post-Soviet Affairs*, 23/2, S. 97 – 117.

ROST, Friedrich und Joachim STARY (2003): „Schriftliche Arbeiten „in Form" bringen. Zitieren, Belegen, ein Literaturverzeichnis anlegen", in: FRANCK, Norbert und Joachim STARY (Hrsg.): *Die Technik wissenschaftlichen Arbeitens.* Paderborn: Schöninghaus. S. 179 – 195.

RUTLAND, Peter (2008): „Die Auswirkungen der globalen Finanzkrise auf Russland". *Russlandanalysen*, Nr. 171, 17.10.2008, S. 2 – 5.

RYABOV, Andrej (2008): „Tandemokratie im heutigen Russland: Zustand und Perspektiven". *Russlandanalysen*, Nr. 172, 31.10.2008, S. 2 – 7.

SCHARPF, Fritz W. (2000): *Interaktionsformen.* Akteurzentrierter Institutionalismus in der Politikforschung. Opladen: Leske und Budrich.

SCHEDLER, Andreas (2002): „The Menu of Manipulation“. *Journal of Democracy*, 13/2, April 2001, S. 36 – 50.

SCHMIDT, Manfred G. (2000): *Demokratietheorien*. Opladen: Leske und Budrich, 3., überarbeitete und erweiterte Auflage.

SCHMITT, Annette (2005): „Die Rolle von Wahlen in Demokratien“. In: FALTER, Jürgen W. und Harald SCHOEN (Hrsg., 2005): *Handbuch Wahlforschung*. Wiesbaden: VS Verlag für Sozialwissenschaften, S. 9 – 29.

SCHNEIDER, Eberhard (2006): *Die neuen regionalen Eliten in Russland unter Putin*. Beitrag auf dem XX World Congress of the International Political Science Association (IPSA) in Fukuoka (Japan), Juli 2006.

SCHOEN, Harald (2005): „Daten in der empirischen Wahlforschung“. In: FALTER, Jürgen W. und Harald SCHOEN (Hrsg., 2005): *Handbuch Wahlforschung*. Wiesbaden: VS Verlag für Sozialwissenschaften, S. 89 – 103.

SHEVTSOVA, Lilia (2001): „Russia's Hybrid Regime“. *Journal of Democracy*, 12/4, Oktober 2001, S. 65 – 70.

SMITH, Benjamin (2005): „Life of the Party. The Origins of Regime Breakdown and Persistence under Single-Party Rule“. *World Politics*, 57, April 2005, S. 421 – 451.

SMYTH, Regina (2002): „Building State Capacity from the Inside Out: Parties of Power and the Success of the President's Reform Agenda in Russia“. *Politics and Society*, 30/4, S. 555 – 578.

SMYTH, Regina, Anna LOWRY und Brandon WILKENING (2007): „Engineering Victory: Institutional Reform, Informal Institutions, and the Formation of a Hegemonic Party Regime in the Russian Federation“. *Post-Soviet Affairs*, 23/2, S. 118 – 137.

STANOVAJA, Tatjana (2006): *Edinaja Rossija – ujdet vmeste s prezidentom?* URL: http://www.politcom.ru/article.php?id=3609, Stand vom 05.02.08.*

STONER-WEISS, Kathryn (2007): *Russia. Countries at the Crossroads*. URL: http://www.freedomhouse.org/template.cfm?page=140&edition=8&ccrpage=37&ccrcountry=166, Stand vom 11.04.2008.

STYKOW, Petra (2006): „'Einiges Russland': Die ‚Partei der Macht' als Staatspartei?" *Russlandanalysen*, Nr. 115, S. 2 – 5.

THIESSEN, Ulricht (2006): „Fiscal Federalism in Russia: Theory, Comparisons, Evaluations". *Post-Soviet Affairs*, 22/3, S. 189 – 224.

TUROVSKIJ, Rostislav (2003): „Konflikty na urovne subektov Federacii: tipologija, soderžanie, perspektivy, uregulirovanija". *Obščestvennye nauki i sovremennost'*, 6, S. 79 – 89.

TUROVSKIJ, Rostislav (2004a): *Novaja i chorošo zabytaja staraja elektoral'naja geografija.* URL: http://www.regionalistica.ru/library/articles/rft34, Stand vom 05.02.08.*

TUROVSKIJ, Rostislav (2004b): „Krizis rossijskoj regional'noj elity". In: GAMAN-GOLUTVINA, Oksana (2004, Hrsg.): *Vlastnye elity sovremennoj Rossii.* Rostov na Donu. S. 162 – 187.

TUROVSKIJ, Rostislav (2004c): *Komu meshali gubernatorskie vybory?* URL: http://regionalistica.ru/library/articles/rft27/, Stand vom 18.02.08.*

TUROVSKIJ, Rostislav (2005): *Putinskaja pjatiletka v regional'noj politike, ili beg po krugu.* URL: http://www.politcom.ru/article.php?id=1967, Stand vom 05.02.08.*

WAY, Lucan A. (2005): „Authoritarian State Building and the Sources of Regime Competitiveness in the Fourth Wave. The Cases of Belarus, Moldova, Russia, and Ukraine". *World Politics,* 57, Januar 2005, S. 231 – 261.

WHITEFIELD, Stephen (2001): „Partisan and Party Division in Post-Communist Russia". In: BROWN, Archie (Hrsg., 2001): *Contemporary Russian Politics.* A Reader. Oxford: Oxford University Press, S. 235 – 243.

WILSON, Kenneth (2006): „Party-System Development Under Putin". *Post-Soviet Affairs*, 22/4, S. 314 – 348.

WILSON, Kenneth (2007): „Party Finance in Russia: Has the 2001 Law 'On Political Parties' Made a Difference?" *Europe-Asia Studies,* 59/7, S. 1089 – 1113.

Anhang

I. Wahlerfolge von Machtparteien

Tabelle 8: Sitzanteile ausgewählter Parteien in der Duma 1993 – 2007 in Prozent

	Parteifamilie	1993	1995	1999	2003	2007
ER	Reg.	-	-	-	49.3	64.3
KPRF	Soz.	10.7	34.9	25.1	11.6	11.6
SR	Reg.	-	-	-	-	7.74
LDPR	Nat.	14.3	11.3	3.8	8.0	8.14
NDR	Reg.	-	12.2	1.6	-	-
Edinstvo[1]	Reg.	-	-	16.2	-	-
OVR[1]	Zentr.	-	-	15.1	-	-
Frauen Russlands	Zentr.	5.1	0.7	-	-	-
APR	n.def.	7.3	4.4	-	0.4	-
Jabloko	Lib.	5.1	10.0	4.4	0.9	-
SPS	Lib.	-	-	6.4	0.7	-
Rodina[2]	n.def	-	-	-	8.0	-
RPP[2]	n.def.	-	-	0.2	-	-
RPŽ[2]	n.def.	-	-	-	0.7	-
Unabhängig		32.5	17.1	25.3	15.1	

Erläuterungen: Parteifamilie nach Colton und McFaul (2003: 7f.): Lib. = liberal, für Fortführung und Vertiefung der politischen und ökonomischen Reformen; Nat. = nationalistische Partei; Reg. = Regierungsparteien/Machtparteien, Verteidiger des Status quo; Soz. = sozialistisch, marxistisch, pro sowjetisch; Zentr. = zentristisch, dh. kompromissorientiert; n. def. = nicht definierte Parteifamilie.
[1]OVR und Edinstvo haben sich 2001 zur Machtpartei ER zusammengeschlossen.
[2]Rodina, RPP und RPŽ haben sich 2006 nicht ganz freiwillig zur Partei SR zusammengeschlossen (Korgunjuk 2007b).
Quelle: Eigene Darstellung aufgrund der Angaben auf http://www.russiavotes.org/duma/duma_elections_93-03.php?S776173303132=3cea1a4845e3aa8746637f1e3ab7610e, Stand vom 13.06.2008.

II. Chronik ausgewählter Gesetzesänderungen

Tabelle 9: Reformen des Wahl- und Parteisystems und des Föderalismus 1999 – 2007

06/1999	Gesetz über Dumawahlen/Parteienregistrierung, neu: als Alternative zur Unterschriftensammlung wird die Möglichkeit der Hinterlegung eines Bargeldbetrags eingeführt (Colton und McFaul 2003: 19).
03/2000	Restrukturierung des Föderationsrates (Oberhaus des nationalen Parlaments), neu setzt er sich nicht mehr aus Gouverneuren und Sprechern der regionalen Legislativen zusammen, sondern aus von diesen eingesetzten Senatoren (Turkovskij 2005: 7).
05/2000	Ukaz des Präsidenten zur Schaffung sieben Föderaler Bezirke, Ernennung je eines Bevollmächtigten Präsidentenvertreters pro Bezirk (Schneider 2006: 9).
07/2000	Recht des Präsidenten, unter Einschaltung der Gerichte regionale Gouverneure zu entlassen und regionale Legislativen aufzulösen, falls diese gegen föderales Recht oder die Verfassung verstossen haben oder neue Gesetzgebung nicht vollziehen/umsetzen (Smyth 2002: 570).
08/2000	Gesetz über das Verfahren zur Bildung des Föderationsrates: neu wird der Rat nicht mehr von den Gouverneuren und den Vorsitzenden, sondern von deren Vertretern gebildet (Schneider 2006: 11).
2001	Gesetz *Über Politische Parteien* (Wilson 2006: 316 ff.): - Parteien werden zur einzigen zu Wahlen zugelassenen Organisationsform; - Registrierungskriterien (10'000 Mitglieder, mind. 100 Mitglieder in mind. 45 der Regionen); - Pflicht zur Teilnahme an Wahlen; - Vorlegung von Satzung und Programm; - Parteien dürfen nicht Berufs-/Rassen-/nationale oder religiöse Interessen vertreten; - staatliche Finanzierung von Parteien wird eingeführt.
2001	Bilaterale Verträge zwischen einzelnen Regionen und der nationalen Regierung werden gemäss dem Verfassungsgrundsatz der Gleichbehandlung aller Föderationssubjekte der Russischen Föderation für ungültig erklärt (Turkovskij 2005: 3f.).
07/2001	Zentrale Kontrolle der Ernennung von regionalen Polizeiverwaltern (Smyth 2002: 570).
06/2002	Änderung des Gesetzes *Über die Grundgarantien des Wahlrechts und des Teilnahmerechts an Volksabstimmungen* (im Folgenden: Wahlrechtsgesetz): - Einführung des gemischten Wahlsystems (Majorz/Proporz) auch auf regionaler Ebene; - Parteien mit Sitzen in der Duma werden von der Unterschriftensammlung oder Bargeldhinterlegung für Wahlregistrierung befreit (Wilson 2006: 318).

10/2002 Änderungen zum Gesetz *Über die Wahlen der Abgeordneten in die Staatsduma* (im Folgenden: Gesetz über die Dumawahlen): Die Sperrklausel für Parteien wird nach den Wahlen 2005 von 5 auf 7 Prozent der Wählerstimmen erhöht, was nur gelten soll, falls mind. vier Parteien die 7 Prozent erreichen (Wilson 2006: 320).

06/2003 Änderungen zum Parteigesetz und zum Gesetz über die Dumawahlen: Bürgerbewegungen dürfen sich nicht mehr zu Wählerblocks zusammenschliessen (Wilson 2006: 321).

10/2004 Änderung des Gesetzes *Über die Regierung der Russischen Föderation* (im Folgenden: Regierungsgesetz): Regierungsmitgliedern wird erlaubt, gleichzeitig Parteiposten zu besetzen (Wilson 2006: 339).

12/2004 Änderungen des Gesetzes *Über die allgemeinen Prinzipien der Organisation der staatlichen legislativen und exekutiven Organe in den Subjekten der Russischen Föderation* und des Wahlrechtsgesetzes: Gouverneure werden neu vom Präsidenten eingesetzt (Wilson 2006: 337).

12/2004 Änderung des Parteigesetzes: Erhöhung der Mindestzahl an Mitgliedern auf 50'000, mind. 500 Mitglieder in 45 der Regionen und mind. 250 in den restlichen Regionen; Übergangsfrist bis 01/2006 (Wilson 2006: 339).

05/2005 Änderung des Gesetzes über die Dumawahlen (Wilson 2006: 340):

- Einführung des Proporz für alle Sitze;
- Parteien können nur noch einzeln und nicht mehr mit Listenverbindungen (=Wählerblocks) antreten;
- die 7 % Sperrklausel bleibt bestehen, wenn mind. 2 Parteien, die zusammen mind. 60% der Stimmen erhalten den Einzug in die Duma schaffen;
- nur noch 5% statt deren 25% der Unterschriften dürfen ungültig sein;
- Maximal erlaubte Ausgaben für Wahlen neu 400 statt 250 Mio. Rub. (dh. 15% dessen als Bargeldhinterlegung für Registrierung sind neu 60 Mio. Rub. statt vorher: 37.5 Mio. Rub.).

07/2005 Gesetz *Über das Vornehmen von Änderungen an Wahl- und Abstimmungsgesetzen und an anderen Gesetzen*: Abgeordnete, die nach der Wahl freiwillig ihre Fraktion verlassen, verlieren ihren Sitz in der Duma.

07/2005 Gouverneure werden wieder für die Leitung der territorialen Organe der föderalen Ministerien einschliesslich der bewaffneten Strukturen mit Ausnahme des Verteidigungsministeriums und des Inlandgeheimdienstes FSB zuständig (Schneider 2006: 15).

2005 Änderung zum Gesetz *Über die allgemeinen Prinzipien der Organisation der staatlichen legislativen und exekutiven Organe in den Subjekten der Russischen Föderation*: die Partei mit der grössten Vertretung im Regionalparlament kann einen Kandidaten für den Gouverneursposten nominieren, der vom Präsidenten eingesetzt wird, wenn er von einer Parlamentsmehrheit bestätigt wird (Wilson 2006: 337).

12/2005 Bildung des *Permskij Kraj* aus der *Permskaja* O und dem *Komi-Permjakskij* AO (Kusznir 2006).

07/2007 Bildung des *Kamčatskij Kraj* aus der *Kamčatskaja* O und dem *Korjakskij* AO (Kusznir 2006).

01/2008	Bildung der *Irkutskaja* O aus dem *Ust-Ordinskij Burjatskij* AO und der *Irkutskaja* O (Kusznir 2006).

Erläuterung: Die Tabelle stellt die in der Untersuchung erwähnten Reformen chronologisch dar und kann so der Übersichtlichkeit dienen, erhebt jedoch keinen Anspruch auf Vollständigkeit.
Quellen: Bacon und Renz (2006); Colton und McFaul (2003); Smyth (2002); Wilson (2006), eigene Darstellung der Autorin.

III. Organigramm der Machtpartei Edinaja Rossija

Abbildung 5: Organigramm der Partei *Edinaja Rossija*

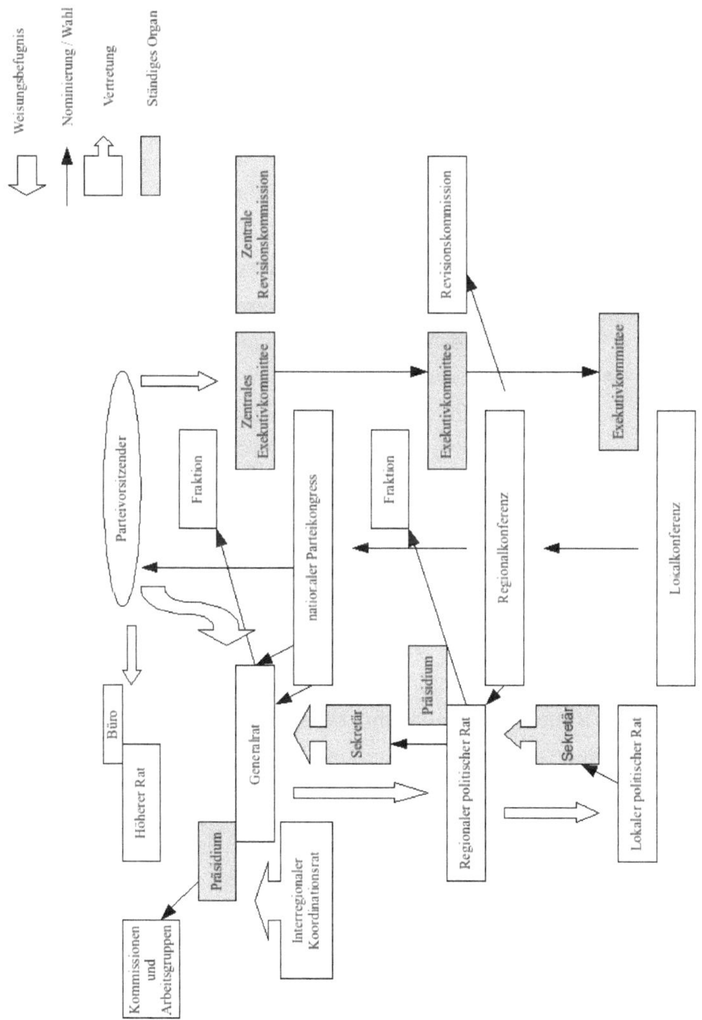

Quelle: Eigene Darstellung auf Grundlage der Satzung der Partei (Edinaja Rossija 2007b).

IV. Operationalisierung und Datenquellen

IV.1 Abhängige Variable

Prozentualer Stimmenanteil für die Partei ER bei den Wahlen zur Duma, dem Unterhaus des Russischen Parlaments (AV ER Duma 07).

Quelle: Homepage der Zentralen Wahlkommission der Russischen Föderation.

Missings: *Tajmyrskij* (*Dolgano-Neneckij*) AO, *Evenkijskij* AO.

IV.2 Unabhängige Variablen zu Hypothese 1

foedreg. Parteibindung der Vertreter der föderalen Regierung in den Provinzen: Prozentualer Anteil der Vorsitzenden von regionalen Büros föderaler Ministerien, deren ersten Stellvertretern und leitende hauptberufliche Mitarbeitende von dem Zentralstaat unterstehenden Sicherheitsdiensten (Miliz, FSB, Armee) im politischen Rat und im Anhängerrat der entsprechenden Regionalsektion der Partei *Edinaja Rossija.*

Erwarteter Zusammenhang: Je höher der Anteil Regierungsvertreter an den regionalen Parteieliten, desto höher der Stimmenanteil für die Partei ER.

padmin. Parteibindung der Vertreter der Präsidialverwaltung in den Provinzen: Prozentualer Anteil der Vertreter der Präsidialverwaltung in den Regionen (Bevollmächtigte Vertreter des Präsidenten *polpredy*, deren Stellvertreter, föderale Hauptinspektoren und deren Stellvertreter) im politischen Rat und im Anhängerrat der entsprechenden Regionalsektion der Partei ER.

Erwarteter Zusammenhang: Je höher der Anteil der Vertreter der Präsidialverwaltung an den regionalen Parteieliten, desto höher der Stimmenanteil für die Partei ER.

regexe. Parteibindung der regionalen Exekutiven: Prozentualer Anteil der Vertreter der regionalen Exekutiven an der Mitgliederzahl des politischen Rates und des Anhängerrates (Gouverneur/Präsident, dessen Stellvertreter; Regierungsvorsitzende; Minister und ihre Stellvertreter; Bürgermeister der Provinzhauptstadt).

Erwarteter Zusammenhang: Je höher der Anteil Vertreter der regionalen Exekutive an den regionalen Parteieliten, desto höher der Stimmenanteil für die Partei ER.

gouv. Parteibindung der Gouverneure/Provinzpräsidenten: Dummy-Variable: 1=Gouverneur ist Mitglied des regionalen politischen Rates, Anhänger oder hat ein Amt in der Mutterpartei inne; 0=Gouverneur hat kein Parteiamt inne.

Erwarteter Zusammenhang: Wenn der Gouverneur ein Parteiamt inne hat, ist der Stimmenanteil für die Partei ER höher.

Missings (zuätzlich zu den unter V.1 genannten): *Tambovskaja* O, *Ust'-Ordynskij Burjatskij* AO, *Čitinskaja* O, *Aginskij Burjatskij* AO. Für die Variable *gouv* fehlen nur *Tajmyrskij (Dolgano-Neneckij)* AO, *Evenkijskij* AO, *Ust'-Ordynskij Burjatskij* AO, *Aginskij Burjatskij* AO.

Quelle: Homepage der Partei ER: http://www.edinros.ru/news.html?rid=3123, Stand vom 07.05.2008.

IV.3 Unabhängige Variablen zu Hypothese 2

arborg. Parteibindung von Wirtschaftsorganisationen: Prozentualer Anteil der Vertreter von Arbeitnehmer- und Arbeitgeberorganisationen an der Mitgliederzahl des politischen Rates und des Anhängerrates (Direktoren/Vorsitzende/Leiter, deren Stellvertreter).

Erwarteter Zusammenhang: Je höher der Anteil der Vertreter von Wirtschaftsorganisationen an den regionalen Parteieliten, desto höher der Stimmenanteil für die Partei ER.

schluessel. Parteibindung von Unternehmern im Energie- und Finanzsektor: Prozentualer Anteil der Vertreter von im Energie- (Öl, Gas, Kohle) oder Finanzsektor tätigen Unternehmen an der Mitgliederzahl des politischen Rates und des Anhängerrates (Generaldirektoren, Direktoren, Präsidenten, deren Stellvertreter, Vorsitzende des Direktorenrates).

Erwarteter Zusammenhang: Je höher der Anteil der Vertreter von Unternehmen der Schlüsselsektoren an den regionalen Parteieliten, desto höher der Stimmenanteil für die Partei ER.

Missings: wie unter V.2.

Quelle: Homepage der Partei ER: http://www.edinros.ru/news.html?rid=3123, Stand vom 07.05.2008.

IV.4 Unabhängige Variablen zu Hypothese 3

staatsb. Parteibindung von Staatsbetrieben: Prozentualer Anteil der Vertreter von staatlichen Unternehmen bzw. deren regionalen Filialen an der Mitgliederzahl des politischen Rates und des Anhängerrates (Direktoren, Leiter, deren Stellvertreter). Als Staatsbetriebe werden folgende Unternehmensformen gezählt: *Gosudarstvennoe unitarnoe predprijatie* (GUP), *Municipal'noe unitarnoe predprijatie* (MUP), *Federal'noe Gosudarstvennoe unitarnoe predprijatie* (FGUP), *Upravlenije federal'noj počtovoj svjazi* (UFPS), zudem Betriebe anderer Organisationsformen (*Obščestvo s ograničenoj otvetstennostju* (OOO), *Otkrytoe akcionernoe obščestvo* (OAO), *Zakrytoe akcionernoe obščestvo* (ZAO)) bei denen eindeutige Informationen vorliegen, dass das Unternehmen in staatlichem Besitz ist.

Erwarteter Zusammenhang: Je höher der Anteil der Vertreter von Staatsbetrieben an den regionalen Parteieliten, desto höher der Stimmenanteil für die Partei ER.

bildges. Parteibindung von staatlichen Einrichtungen: Prozentualer Anteil der Vertreter von staatlichen Einrichtungen des Bildungs- und Gesundheitswesens (Rektor, Prorektor, (stellv.) Direktor, (stellv.) Dekan einer Universität, Fachhochschule, Berufsschule, Mittelschule oder Grundschule; Oberarzt, leitender Arzt, Oberschwester eines Krankenhauses, einer Poliklinik, einer Spezialklinik).

Erwarteter Zusammenhang: Je höher der Anteil der Vertreter von staatlichen Einrichtungen an den regionalen Parteieliten, desto höher der Stimmenanteil für die Partei ER.

Missings: wie unter V.2.

Quelle: Homepage der Partei ER: http://www.edinros.ru/news.html?rid=3123, Stand vom 07.05.2008.

IV.5 Kontrollvariablen

rep. Status des Föderationssubjektes Republik: Dummy-Variable: 1 = Föderationssubjekt hat Republikstatus; 0 = Föderationssubjekt hat nicht Republikstatus.

Erwarteter Zusammenhang: In Republiken erhielten die regionalen Eliten nach Zusammenbruch der Sowjetunion mehr Unabhängigkeit vom föderalen Zentrum und bildeten eher undemokratische politische Systeme (Moraski 2006: 103). Weil diese Systemeigenschaften zugunsten der Machtpartei genutzt werden können, erzielt ER in nationalen Republiken höhere Stimmengewinne (vgl. Turovskij 2004a).

Keine Missings.

dorf. Urbanisierungsgrad: Prozentualer Anteil der Landbevölkerung an der Gesamtbevölkerung der Provinz.

Erwarteter Zusammenhang: In ländlicheren Regionen erzielt ER höhere Stimmengewinne (vgl. Magaloni 2006, Gel'man et al. 2003).

Keine Missings.

Quelle: Volkszählung 2002, URL: http://www.perepis2002.ru/index.html?id=9, Stand vom 12.05.2008.

bildung. Bildungsniveau: Prozentualer Anteil der EinwohnerInnen mit einem Hochschulabschluss.

Erwarteter Zusammenhang: In Regionen mit höherem Bildungsniveau erzielt ER tiefere Stimmengewinne (Magaloni 2006, vgl. auch Moraski 2006).

Keine Missings.

Quelle: Volkszählung 2002, URL: http://www.perepis2002.ru/index.html?id=9, Stand vom 12.05.2008.

sozialh. Sozialhilfeempfänger: Prozentanteil der Einwohner, die staatliche Sozialleistungen erhalten (Stipendien, Alters- und Invalidenrente, Kindergeld, Arbeitslosengeld).

Erwarteter Zusammenhang: In Provinzen mit höherem Anteil von Sozialhilfeempfängern an der Wählerschaft sind mehr Wahlberechtigte dem Druck durch staatliche Stellen ausgeliefert, also erzielt ER höhere Stimmengewinne (Magaloni 2006, vgl. auch Moraski 2006).

Keine Missings.

Quelle: Volkszählung 2002, URL: http://www.perepis2002.ru/index.html?id=9, Stand vom 12.05.2008.

moskauln. Distanz zu Moskau: Natürlicher Logarithmus der Distanz der Provinzhauptstadt zu Moskau in Kilometern.

Erwarteter Zusammenhang: Je weiter eine Region von Moskau entfernt ist, desto tiefere Stimmengewinne erzielt ER (Turovksij 2004a).

Keine Missings.

Quelle: Eigene Berechnung aufgrund der Daten von Interfaks: Zentr ekonomičeskogo analiza, URL: http://www.russianeconomy.ru/aiMain.aspx?regionID=38, Stand vom 15.05.2008.

bip0305. Wirtschaftswachstum: Durchschnittliche Zunahme des Bruttoregionalprodukt in Prozent zum Vorjahr 2003 – 2005.

Erwarteter Zusammenhang: Je höher das Wirtschaftswachstum einer Provinz während der vergangenen Legislatur war, desto höhere Stimmengewinne erzielt ER (Magaloni 2006, vgl. auch Moraski 2006).

Missing: Republik Tschetschenien.

Quelle: Eigene Berechnung aufgrund der Daten des Staatlichen Statistikamtes der Russischen Föderation Goskomstat, URL: www.gks.ru, Stand vom 10.03.2008.

geber. Geberregionen: Dummy-Variable: 1=Provinz ist eine Geberregion; 0=Provinz ist keine Geberregion. Geberregionen sind die Provinzen, die vom Föderalen Fonds für finanzielle Unterstützung der Regionen und vom Föderalen Fonds für die Entwicklung der Regionen im Jahr 2007 keine Mittel bekommen haben (vgl. Kusez und Nelson 2003: 518).

Erwarteter Zusammenhang: Geberregionen besitzen gegenüber dem Zentrum finanzielle Druckmittel und können sich weniger politische Unterstützung erlauben – ER erzielt dort also tiefere Stimmengewinne (vgl. Kusez und Nelson 2003, Thiessen 2006).

Keine Missings.

Quelle: Finanzministerium der RF (Ministerstvo finansov RF 2006a und 2006b).

ressou. Rohstoffförderung: Dummy-Variable: 1 = Rohstoffförderung (Kohle, Erdöl, Gas); 0 = keine Rohstofförderung.

Erwarteter Zusammenhang: Da der Rohstoffhandel in den Händen von föderal operierenden und mit dem Staat kooperierenden Unternehmen ist, ist die regionale Wirtschaft von rohstoffreichen Provinzen von föderalen wirtschaftlichen und politischen Interessen abhängig, weshalb es für die Partei ER dort leichter sein sollte, höhere Stimmengewinne zu erzielen (vgl. Gel'man et al. 2003).

Keine Missings.

Quelle: Interfaks: Centr ekonomičeskogo analiza, URL: http://www.russianeconomy.ru/aiMain.aspx?regionID=38, Stand vom 15.05.2008.

V. Alternative Modelle und Datenqualität

V.1 Multivariate Regressionsanalyse, Modelle 9a – 14a

Tabelle 10: Multivariate Regressionsanalyse, Modelle 9a – 14a

	Modell 9a	Modell 10a	Modell 11a	Modell 12a	Modell 13a	Modell 14a
padmin	- 0.473 (0.999)	- 0.521 (0.929)	- 0.536 (0.920)	- 0.473 (0.92)	- 0.482 (0.913)	
gouv	4.225** (2.077)	4.207** (2.058)	4.195** (2.043)	4.492** (2.040)	4.447** (2.019)	4.442** (2.009)
arborg	-0.872 (0.639)					
bildges	-0.041 (0.212)	- 0.046 (0.208)				
rep	10.287*** (2.729)	10.242*** (2.69)	10.380*** (2.598)	10.738*** (2.56)	10.841*** (2.508)	10.948*** (2.488)
dorf	0.259** (0.114)	0.262** (0.112)	0.255** (0.108)	0.266** (0.107)	0.256** (0.098)	0.265*** (0.096)
bildung	0.168 (0.399)	0.181 (0.384)	0.166 (0.376)	0.092 (0.374)	0.598 (0.672)	0.635 (0.666)
sozialh	0.319 (0.725)	0.326 (0.718)	0.325 (0.713)	0.622 (0.684)	0.805 (0.689)	0.735 (0.673)
moskauln	0.859 (0.773)	0.866 (0.766)	0.88 (0.758)	0.877 (0.754)	3.454 (2.335)	3.658 (2.291)
bip0305	-0.067 (0.320)	- 0.082 (0.297)	- 0.06 (0.277)			
geber	2.862 (2.461)	2.834 (2.435)	2.877 (2.410)	3.503 (2.359)	3.614* (2.006)	3.489* (1.982)
ressou	3.461 (2.09)	3.476* (2.071)	3.394* (2.023)	3.593* (2.021)		
Konstante	37.547** (14.828)	37.239** (14.549)	37.016** (14.413)	33.417** (13.93)	35.868*** (9.651)	35.361*** (9.555)
R^2 (korr.)	0.388	0.396	0.405	0.465	0.472	0.477
F-Test	5.17	5.72	6.37	8.72	9.93	11.42
N	80	80	80	81	81	81

Erläuterungen (S. 152): Abhängige Variable: duma07 = Regionaler Stimmenanteil ER bei den Dumawahlen 2007 in Prozent; Unstandardisierte Koeffizienten, Zweiseitiger Test: *p < 0.1, **p < 0.05, ***p < 0.01; Standardfehler in Klammern. Die Republik Tschetschenien taucht erst ab Modell 12a in den Berechnungen auf, da keine Werte für die Variable *bip0305* verfügbar sind.
Quelle: Eigener Datensatz (Anhang IV), Darstellung eigener Berechnungen.

V.2 Multivariate Regressionsanalyse ohne die Republik Tschetschenien

Tabelle 11: Multivariate Regressionsanalyse ohne die Republik Tschetschenien

	Modell 12c	Modell 13c	Modell 14c	Modell 15c
padmin	-0.521	-0.535	-0.581	
	(0.911)	(0.906)	(0.895)	
gouv	4.192**	4.124**	4.18**	4.187**
	(2.029)	(2.011)	(1.996)	(1.989)
rep	10.479***	10.667***	10.627***	10.754***
	(2.54)	(2.488)	(2.473)	(2.455)
dorf	0.253**	0.236**	0.251***	0.265***
	(0.106)	(0.098)	(0.091)	(0.089)
bildung	0.162			
	(0.373)			
sozialh	0.35	0.317		
	(0.699)	(0.691)		
moskauln	0.901	0.775	0.716	0.622
	(0.746)	(0.683)	(0.667)	(0.649)
geber	2.962	2.894	2.531	2.732
	(2.361)	(2.342)	(2.192)	(2.162)
ressou	3.369*	3.414*	3.384*	3.231
	(2.006)	(1.992)	(1.980)	(1.958)
Konstante	36.286**	40.451***	44.246***	44.146***
	(13.913)	(10.021)	(5.611)	(5.586)
R^2 (korr.)	0.48	0.478	0.426	0.431
F-Test	7.17	8.14	9.37	10.95
Chi^2	0.006	0.004	0.002	0.003
N	80	80	80	80

Erläuterungen: Abhängige Variable duma07: Regionaler Stimmenanteil ER bei den Dumawahlen 2007; Unstandardisierte Koeffizienten; Zweiseitiger Test: *p < 0.1, **p < 0.05, ***p < 0.01, Standardfehler in Klammern.
Quelle: Eigener Datensatz, Herkunft der Daten siehe Anhang IV, Darstellung eigener Berechnungen.

Die Regressionsanalyse ergibt ohne die Republik Tschetschenien, die wegen einem Missing in der Kontrollvariable *bip0305* erst ab Modell 12 in die Analyse einbezogen werden kann, etwas tiefere Regressionskoeffizienten für die unabhängige Variable *gouv*. An der Interpretation der Modelle ändert sich jedoch nichts.

V.3 Verletzung der Homoskedastizitätsannahme

Aufgrund von Untersuchungen der Symmetrie der Verteilung der abhängigen Variable *duma07* besteht der Verdacht auf Heteroskedastizität:

Abbildung 6: Residual-vs.-Fitted Plot für *duma07*

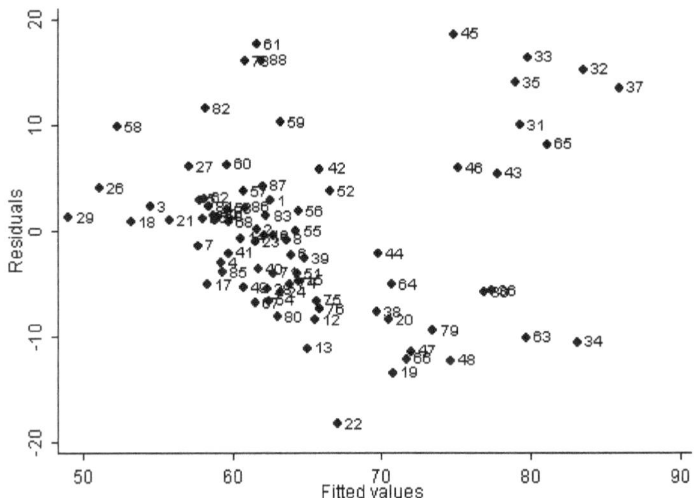

Quelle: Eigener Datensatz, Herkunft der Daten siehe Anhang IV, Darstellung eigener Berechnungen.

Abbildung 7: Symmetrieplot für *duma07*

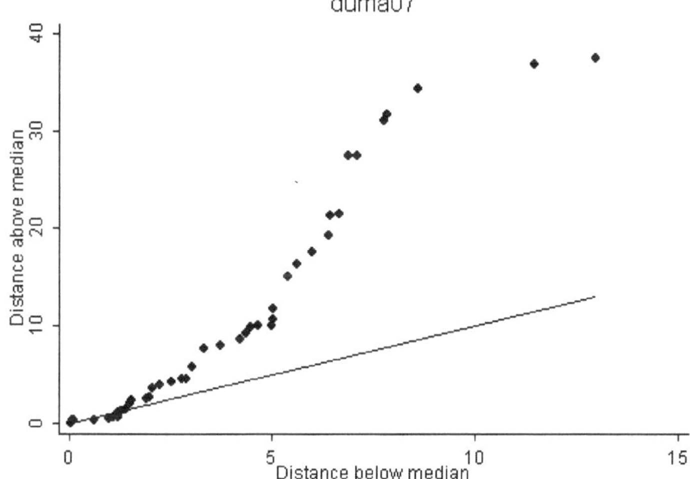

Quelle: Eigener Datensatz, Herkunft der Daten siehe Anhang IV, Darstellung eigener Berechnungen.

V.4 Regressionsmodelle mit transformierter abhängiger Variable

Die Verletzung der Homoskedastizitätsnnahme der linearen Regression verfälscht die Standardfehler der Regressionskoeffizienten, weshalb auch die Ergebnisse von Signifikanztests verzerrt werden. Deshalb werden hier die Modelle mit einer abhängigen Variable *bcduma07* berechnet, die von der Software *Stata* so transformiert wurde, dass ihre Verteilung möglichst symmetrisch ist:

Abbildung 8: Residual-vs.-Fitted Plot für *bcduma07*

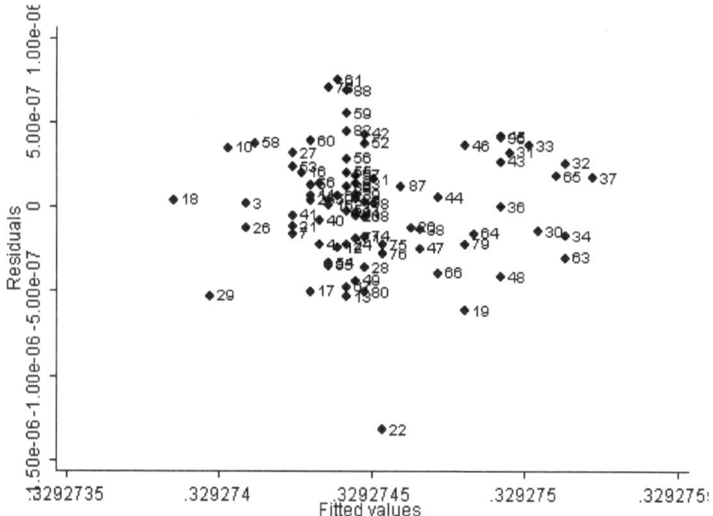

Quelle: Eigener Datensatz, Herkunft der Daten siehe Anhang IV, Darstellung eigener Berechnungen.

Abbildung 9: Symmetrieplot für *bcduma07*

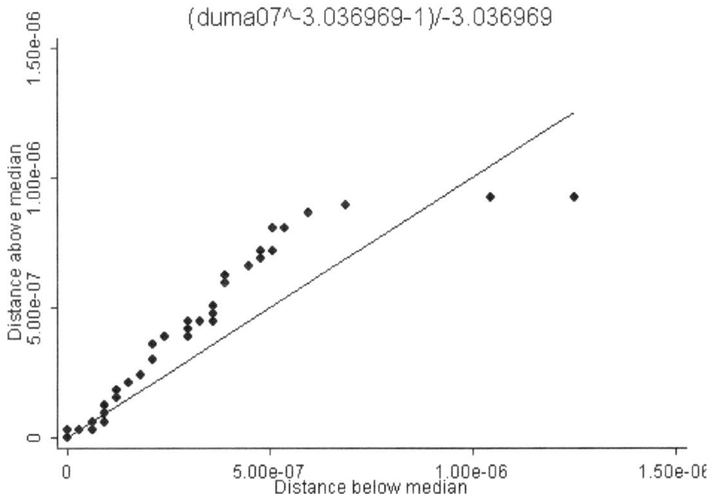

Quelle: Eigener Datensatz, Herkunft der Daten siehe Anhang IV, Darstellung eigener Berechnungen.

Weil sich die Regressionskoeffizienten nur schwer interpretieren lassen, werden die standardisierten Regressionskoeffizienten angeführt, die sich einfacher mit den standardisierten Koeffizienten der Modelle mit der nicht transformierten abhängigen Variable vergleichen lassen (Tab. 12.1 und 12.2).

Tabelle 12.1: Multivariate Regressionsanalyse mit transformierter abhängiger Variable *bcduma07*

	Modell 9b	Modell 10b	Modell 11b	Modell 12b	Modell 13b	Modell 14b
padmin	-0.01					
gouv	0.190*	0.191*	0.191*	0.192**	0.189*	0.185*
arborg	-0.032	-0.036	-0.033	-0.03		
bildges	0.017	0.018				
rep	0.363***	0.364***	0.359***	0.356***	0.356***	0.359***
dorf	0.35**	0.351**	0.358**	0.366***	0.370***	0.337***
bildung	-0.021	-0.022	-0.017			
sozialh	-0.083	-0.082	-0.082	-0.080	-0.078	
moskauln	0.120	0.118	0.117	0.124	0.122	0.138
bip0305	-0.091	-0.089	-0.096	-0.098	-0.106	-0.096
geber	0.098	0.100	0.098	0.099	0.099	0.124
ressou	0.116	0.115	0.118	0.118	0.118	0.120
Konstante	0.329***	0.329***	0.329***	0.329***	0.329***	0.329***
R^2 (korr.)	0.328	0.338	0.348	0.357	0.365	0.37
F-Test	4.22	4.67	5.21	5.87	6.67	7.62
N	80	80	80	80	80	80

Erläuterungen: Transformierte abhängige Variable zur Beseitigung der Heteroskedastizität, von Software Stata vorgeschlagene Transformation: bcduma07 = (duma07^L-1)/L wobei L = -3.036969. Standardisierte Koeffizienten; zweiseitiger Test: *p < 0.1, **p < 0.05, ***p < 0.01.

Quelle: Eigener Datensatz, Herkunft der Daten siehe Anhang IV, Darstellung eigener Berechnungen.

Tabelle 12.2: Multivariate Regressionsanalyse mit transformierter abhängiger Variable *bcduma07* (Fortsetzung)

	Modell 15b	Modell 16b	Modell 17b
gouv	0.186**	0.212**	0.202**
rep	0.376***	0.388***	0.38***
dorf	0 .348***	0.347***	0.290***
moskauln	0.149	0.186**	0.167*
geber	0.136	0.141	
ressou	0.114		
Konstante	0.329***	0.329***	0.329***
R^2 (korr.)	0.400	0.396	0.388
F-Test	9.89	11.51	13.69
N	81	81	81

Erläuterungen: Transformierte abhängige Variable zur Beseitigung der Heteroskedastizität, von Software Stata vorgeschlagene Transformation: bcduma07 = (duma07^L-1)/L wobei L = -3.036969. Standardisierte Koeffizienten; zweiseitiger Test: *p < 0.1, **p < 0.05, ***p < 0.01.

Quelle: Eigener Datensatz, Herkunft der Daten siehe Anhang IV, Darstellung eigener Berechnungen.

V.5 Multikollinearität

Tabelle 13.1: Multikollinearitätsprüfung

	Foedreg	padmin	schluessel	staatsb	arborg	bildges	regexe	gouv
foedreg	1.0000							
padmin	0.1406	1.0000						
schluessel	0.0917	0.0453	1.0000					
staatsb	0.1543	0.1275	-0.1283	1.0000				
arborg	-0.0152	0.3467	0.0537	0.0499	1.0000			
bildges	0.0817	0.0663	-0.0764	-0.0087	-0.0148	1.0000		
regexe	0.0069	0.0121	-0.1367	-0.2364	-0.0294	0.0070	1.0000	
gouv	-0.1841	0.0522	0.1144	-0.0575	0.1054	0.0287	0.1800	1.0000
rep	0.0535	-0.1275	-0.2009	0.0524	-0.1097	-0.0341	0.3778	-0.1210
dorf	0.0067	-0.2007	-0.1314	0.2178	-0.1744	0.1480	0.2630	-0.2033
bildung	0.0308	-0.0196	-0.0961	-0.1005	-0.0809	0.0474	-0.1113	0.0601
sozialh	-0.2219	-0.1926	-0.4439	-0.0062	-0.1848	0.1210	0.3760	-0.0228
moskauln	0.1225	0.2243	-0.0137	-0.0091	0.0032	-0.0185	0.1874	-0.1176
bip0305	-0.0639	-0.0589	0.1669	0.0582	0.2762	-0.2812	-0.0892	0.0294
geber	0.0046	-0.0579	0.1959	-0.2041	0.0783	-0.1008	-0.2524	0.0046
ressou	0.0306	0.1779	0.2334	-0.1675	0.0432	0.1378	0.3066	0.1791

Tabelle 13.2: Multikollinearitätsprüfung (Fortsetzung)

	rep	dorf	bildung	sozialh	moskauln	bip0305	geber	ressou
rep	1.0000							
dorf	0.5202	1.0000						
bildung	-0.1364	-0.4540	1.0000					
sozialh	0.2372	0.4977	-0.2396	1.0000				
moskauln	0.1928	0.2055	-0.4173	-0.0609	1.0000			
bip0305	-0.1384	-0.0062	0.0796	-0.0742	-0.1320	1.0000		
geber	-0.2900	-0.4486	0.2259	-0.4499	-0.2234	-0.0665	1.0000	
ressou	0.1161	0.0307	-0.0778	-0.0663	0.3093	-0.0028	-0.0452	1.0000

Quelle: Eigener Datensatz, Herkunft der Daten siehe Anhang IV, Darstellung eigener Berechnungen.

Multikollinearität zwischen den unabhängigen und Kontrollvariablen liegt nicht vor.

V.6 Variablenwerte von einflussreichen Fällen

Tabelle 14: Multivariate Ausreisser

	duma07	gouv	rep	dorf	moskau ln	geber	ressou
Komi	62.06	0	1	24.7	7.32	1	1
Karačaevo-Čerkessija	92.9	0	1	56.0	7.42	0	1
Mordovija	93.41	1	1	40.2	6.46	0	0
Udmurtskaja	60.57	0	1	30.3	7.03	0	1
Chakasija	59.53	0	1	29.2	8.35	0	1
Čukotskij AO	78.13	0	0	33.4	9.06	1	1
Karelien	57.28	1	1	25.0	6.83	0	0
Neneckij AO	48.78	1	0	36.8	7.31	0	1
Kabardino-Balkarskaja	96.12	1	1	43.4	7.54	0	1
Čuvašskaja	62.27	1	1	39.4	6.64	0	0
Inguschetien	98.72	1	1	57.5	7.57	0	1
Tschetsche-nien	99.36	1	1	66.2	7.6	0	1
Altaj	69.46	0	1	73.6	8.2	0	0
Kemerovska-ja O	76.82	1	0	13.3	8.16	0	1

Erläuterungen: Die Fälle wurden durch die Berechnung der DFBETA-Werte für die in Modell 15 mit $p < 0.01$ signifikanten Variabeln identifiziert. Fett gedruckte Variabelwerte zeigen die Variabeln an, für die in diesem Fall: |DFBETA| > 2/sqrt(n), was als gross, dh. als Hinweis auf einen einflussreichen Fall gilt (Kohler und Kreuter 2006: 222).
Quelle: Eigener Datensatz, Herkunft der Daten siehe Anhang IV, Darstellung eigener Berechnungen.

V.7 Weitere Bemerkungen zum Datensatz

Bei mulitvariaten Analysen besteht die Möglichkeit, dass unabhängige Variabeln nicht-additiv zusammenhängen, was zu einer Verzerrung der Schätzwerte der Regressionsgleichung führt (Backhaus et al. 1996: 32). In diese Kategorie der Unzulänglichkeiten gehört eine theoretische Überlegung: Möglicherweise müssen nicht alle politischen Akteure mit Einfluss auf den Wahlausgang in einer Regionalsektion vertreten sein, um die Stimmengewinne positiv zu beeinflussen. Deshalb wurde die Regressionsanalyse mit einer unabhängigen Variable wiederholt, die für jeden Fall den jeweils höchsten Wert des Anteils der politischen Akteure annimmt. Die Variable der Maximalanteile der politischen Akteure weist jedoch keinen signifikanten Zusammenhang mit den regionalen Stimmengewinnen auf. Wegen eines möglichen nicht-additiven Zusammenhangs zwischen den Variabeln würde sich für eine weiterführende Untersuchung ein anderes Schätzverfahren anbieten.

Ein weiteres Problem hängt mit dem Prozentanteil einer bestimmten Akteursgruppe an der gesamten Mitgliederzahl der politischen und Anhängerräte zusammen. Die Mitgliederzahlen variieren von Provinz zu Provinz sehr stark, weshalb möglicherweise die prozentuale Vertretung der Eliten mehr von dieser Zahl abhängt, als dass sie tatsächlich ein exogener Einflussfaktor auf den Wahlerfolg ist. Zudem haben die unabhängigen Variabeln padmin und arborg in relativ vielen Fällen den Wert Null, weshalb die Varianzen zum Teil sehr klein ausfallen (*padmin:* VAR = 1.18, *arborg:* VAR = 2.95). Das kann der Grund sein, dass kein nennenswerter Zusammenhang dieser Variablen mit der abhängigen Variable geschätzt wurde (Backhaus et al. 1996: 32). Eine Überarbeitung des Vorgehens bei der Datenerhebung wäre bei einer weiterführenden Untersuchung also nötig.

SOVIET AND POST-SOVIET POLITICS AND SOCIETY

Edited by Dr. Andreas Umland

ISSN 1614-3515

1 *Андреас Умланд (ред.)*
Воплощение Европейской конвенции по правам человека в России
Философские, юридические и эмпирические исследования
ISBN 3-89821-387-0

2 *Christian Wipperfürth*
Russland – ein vertrauenswürdiger Partner?
Grundlagen, Hintergründe und Praxis gegenwärtiger russischer Außenpolitik
Mit einem Vorwort von Heinz Timmermann
ISBN 3-89821-401-X

3 *Manja Hussner*
Die Übernahme internationalen Rechts in die russische und deutsche Rechtsordnung
Eine vergleichende Analyse zur Völkerrechtsfreundlichkeit der Verfassungen der Russländischen Föderation und der Bundesrepublik Deutschland
Mit einem Vorwort von Rainer Arnold
ISBN 3-89821-438-9

4 *Matthew Tejada*
Bulgaria's Democratic Consolidation and the Kozloduy Nuclear Power Plant (KNPP)
The Unattainability of Closure
With a foreword by Richard J. Crampton
ISBN 3-89821-439-7

5 *Марк Григорьевич Меерович*
Квадратные метры, определяющие сознание
Государственная жилищная политика в СССР. 1921 – 1941 гг
ISBN 3-89821-474-5

6 *Andrei P. Tsygankov, Pavel A.Tsygankov (Eds.)*
New Directions in Russian International Studies
ISBN 3-89821-422-2

7 *Марк Григорьевич Меерович*
Как власть народ к труду приучала
Жилище в СССР – средство управления людьми. 1917 – 1941 гг.
С предисловием Елены Осокиной
ISBN 3-89821-495-8

8 *David J. Galbreath*
Nation-Building and Minority Politics in Post-Socialist States
Interests, Influence and Identities in Estonia and Latvia
With a foreword by David J. Smith
ISBN 3-89821-467-2

9 *Алексей Юрьевич Безугольный*
Народы Кавказа в Вооруженных силах СССР в годы Великой Отечественной войны 1941-1945 гг.
С предисловием Николая Бугая
ISBN 3-89821-475-3

10 *Вячеслав Лихачев и Владимир Прибыловский (ред.)*
Русское Национальное Единство, 1990-2000. В 2-х томах
ISBN 3-89821-523-7

11 *Николай Бугай (ред.)*
Народы стран Балтии в условиях сталинизма (1940-е – 1950-е годы)
Документированная история
ISBN 3-89821-525-3

12 *Ingmar Bredies (Hrsg.)*
Zur Anatomie der Orange Revolution in der Ukraine
Wechsel des Elitenregimes oder Triumph des Parlamentarismus?
ISBN 3-89821-524-5

13 *Anastasia V. Mitrofanova*
The Politicization of Russian Orthodoxy
Actors and Ideas
With a foreword by William C. Gay
ISBN 3-89821-481-8

14 *Nathan D. Larson*
Alexander Solzhenitsyn and the Russo-Jewish Question
ISBN 3-89821-483-4

15 *Guido Houben*
Kulturpolitik und Ethnizität
Staatliche Kunstförderung im Russland der neunziger Jahre
Mit einem Vorwort von Gert Weisskirchen
ISBN 3-89821-542-3

16 *Leonid Luks*
Der russische „Sonderweg"?
Aufsätze zur neuesten Geschichte Russlands im europäischen Kontext
ISBN 3-89821-496-6

17 *Евгений Мороз*
История «Мёртвой воды» – от страшной сказки к большой политике
Политическое неоязычество в постсоветской России
ISBN 3-89821-551-2

18 *Александр Верховский и Галина Кожевникова (ред.)*
Этническая и религиозная интолерантность в российских СМИ
Результаты мониторинга 2001-2004 гг.
ISBN 3-89821-569-5

19 *Christian Ganzer*
Sowjetisches Erbe und ukrainische Nation
Das Museum der Geschichte des Zaporoger Kosakentums auf der Insel Chortycja
Mit einem Vorwort von Frank Golczewski
ISBN 3-89821-504-0

20 *Эльза-Баир Гучинова*
Помнить нельзя забыть
Антропология депортационной травмы калмыков
С предисловием Кэролайн Хамфри
ISBN 3-89821-506-7

21 *Юлия Лидерман*
Мотивы «проверки» и «испытания» в постсоветской культуре
Советское прошлое в российском кинематографе 1990-х годов
С предисловием Евгения Марголита
ISBN 3-89821-511-3

22 *Tanya Lokshina, Ray Thomas, Mary Mayer (Eds.)*
The Imposition of a Fake Political Settlement in the Northern Caucasus
The 2003 Chechen Presidential Election
ISBN 3-89821-436-2

23 *Timothy McCajor Hall, Rosie Read (Eds.)*
Changes in the Heart of Europe
Recent Ethnographies of Czechs, Slovaks, Roma, and Sorbs
With an afterword by Zdeněk Salzmann
ISBN 3-89821-606-3

24 *Christian Autengruber*
Die politischen Parteien in Bulgarien und Rumänien
Eine vergleichende Analyse seit Beginn der 90er Jahre
Mit einem Vorwort von Dorothée de Nève
ISBN 3-89821-476-1

25 *Annette Freyberg-Inan with Radu Cristescu*
The Ghosts in Our Classrooms, or: John Dewey Meets Ceauşescu
The Promise and the Failures of Civic Education in Romania
ISBN 3-89821-416-8

26 *John B. Dunlop*
The 2002 Dubrovka and 2004 Beslan Hostage Crises
A Critique of Russian Counter-Terrorism
With a foreword by Donald N. Jensen
ISBN 3-89821-608-X

27 *Peter Koller*
Das touristische Potenzial von Kam''janec'–Podil's'kyj
Eine fremdenverkehrsgeographische Untersuchung der Zukunftsperspektiven und Maßnahmenplanung zur Destinationsentwicklung des „ukrainischen Rothenburg"
Mit einem Vorwort von Kristiane Klemm
ISBN 3-89821-640-3

28 *Françoise Daucé, Elisabeth Sieca-Kozlowski (Eds.)*
Dedovshchina in the Post-Soviet Military
Hazing of Russian Army Conscripts in a Comparative Perspective
With a foreword by Dale Herspring
ISBN 3-89821-616-0

29 *Florian Strasser*
Zivilgesellschaftliche Einflüsse auf die Orange Revolution
Die gewaltlose Massenbewegung und die ukrainische Wahlkrise 2004
Mit einem Vorwort von Egbert Jahn
ISBN 3-89821-648-9

30 *Rebecca S. Katz*
The Georgian Regime Crisis of 2003-2004
A Case Study in Post-Soviet Media Representation of Politics, Crime and Corruption
ISBN 3-89821-413-3

31 *Vladimir Kantor*
Willkür oder Freiheit
Beiträge zur russischen Geschichtsphilosophie
Ediert von Dagmar Herrmann sowie mit einem Vorwort versehen von Leonid Luks
ISBN 3-89821-589-X

32 *Laura A. Victoir*
The Russian Land Estate Today
A Case Study of Cultural Politics in Post-Soviet Russia
With a foreword by Priscilla Roosevelt
ISBN 3-89821-426-5

33 *Ivan Katchanovski*
Cleft Countries
Regional Political Divisions and Cultures in Post-Soviet Ukraine and Moldova
With a foreword by Francis Fukuyama
ISBN 3-89821-558-X

34 *Florian Mühlfried*
Postsowjetische Feiern
Das Georgische Bankett im Wandel
Mit einem Vorwort von Kevin Tuite
ISBN 3-89821-601-2

35 *Roger Griffin, Werner Loh, Andreas Umland (Eds.)*
Fascism Past and Present, West and East
An International Debate on Concepts and Cases in the Comparative Study of the Extreme Right
With an afterword by Walter Laqueur
ISBN 3-89821-674-8

36 *Sebastian Schlegel*
Der „Weiße Archipel“
Sowjetische Atomstädte 1945-1991
Mit einem Geleitwort von Thomas Bohn
ISBN 3-89821-679-9

37 *Vyacheslav Likhachev*
Political Anti-Semitism in Post-Soviet Russia
Actors and Ideas in 1991-2003
Edited and translated from Russian by Eugene Veklerov
ISBN 3-89821-529-6

38 *Josette Baer (Ed.)*
Preparing Liberty in Central Europe
Political Texts from the Spring of Nations 1848 to the Spring of Prague 1968
With a foreword by Zdeněk V. David
ISBN 3-89821-546-6

39 *Михаил Лукьянов*
Российский консерватизм и реформа, 1907-1914
С предисловием Марка Д. Стейнберга
ISBN 3-89821-503-2

40 *Nicola Melloni*
Market Without Economy
The 1998 Russian Financial Crisis
With a foreword by Eiji Furukawa
ISBN 3-89821-407-9

41 *Dmitrij Chmelnizki*
Die Architektur Stalins
Bd. 1: Studien zu Ideologie und Stil
Bd. 2: Bilddokumentation
Mit einem Vorwort von Bruno Flierl
ISBN 3-89821-515-6

42 *Katja Yafimava*
Post-Soviet Russian-Belarussian Relationships
The Role of Gas Transit Pipelines
With a foreword by Jonathan P. Stern
ISBN 3-89821-655-1

43 *Boris Chavkin*
Verflechtungen der deutschen und russischen Zeitgeschichte
Aufsätze und Archivfunde zu den Beziehungen Deutschlands und der Sowjetunion von 1917 bis 1991
Ediert von Markus Edlinger sowie mit einem Vorwort versehen von Leonid Luks
ISBN 3-89821-756-6

44 *Anastasija Grynenko in Zusammenarbeit mit Claudia Dathe*
Die Terminologie des Gerichtswesens der Ukraine und Deutschlands im Vergleich
Eine übersetzungswissenschaftliche Analyse juristischer Fachbegriffe im Deutschen, Ukrainischen und Russischen
Mit einem Vorwort von Ulrich Hartmann
ISBN 3-89821-691-8

45 *Anton Burkov*
The Impact of the European Convention on Human Rights on Russian Law
Legislation and Application in 1996-2006
With a foreword by Françoise Hampson
ISBN 978-3-89821-639-5

46 *Stina Torjesen, Indra Overland (Eds.)*
International Election Observers in Post-Soviet Azerbaijan
Geopolitical Pawns or Agents of Change?
ISBN 978-3-89821-743-9

47 *Taras Kuzio*
Ukraine – Crimea – Russia
Triangle of Conflict
ISBN 978-3-89821-761-3

48 *Claudia Šabić*
"Ich erinnere mich nicht, aber L'viv!"
Zur Funktion kultureller Faktoren für die Institutionalisierung und Entwicklung einer ukrainischen Region
Mit einem Vorwort von Melanie Tatur
ISBN 978-3-89821-752-1

49 *Marlies Bilz*
Tatarstan in der Transformation
Nationaler Diskurs und Politische Praxis 1988-1994
Mit einem Vorwort von Frank Golczewski
ISBN 978-3-89821-722-4

50 *Марлен Ларюэль (ред.)*
Современные интерпретации русского национализма
ISBN 978-3-89821-795-8

51 *Sonja Schüler*
Die ethnische Dimension der Armut
Roma im postsozialistischen Rumänien
Mit einem Vorwort von Anton Sterbling
ISBN 978-3-89821-776-7

52 *Галина Кожевникова*
Радикальный национализм в России и противодействие ему
Сборник докладов Центра «Сова» за 2004-2007 гг.
С предисловием Александра Верховского
ISBN 978-3-89821-721-7

53 *Галина Кожевникова и Владимир Прибыловский*
Российская власть в биографиях I
Высшие должностные лица РФ в 2004 г.
ISBN 978-3-89821-796-5

54 *Галина Кожевникова и Владимир Прибыловский*
Российская власть в биографиях II
Члены Правительства РФ в 2004 г.
ISBN 978-3-89821-797-2

55 *Галина Кожевникова и Владимир Прибыловский*
Российская власть в биографиях III
Руководители федеральных служб и агентств РФ в 2004 г.
ISBN 978-3-89821-798-9

56 *Ileana Petroniu*
Privatisierung in Transformationsökonomien
Determinanten der Restrukturierungs-Bereitschaft am Beispiel Polens, Rumäniens und der Ukraine
Mit einem Vorwort von Rainer W. Schäfer
ISBN 978-3-89821-790-3

57 *Christian Wipperfürth*
Russland und seine GUS-Nachbarn
Hintergründe, aktuelle Entwicklungen und Konflikte in einer ressourcenreichen Region
ISBN 978-3-89821-801-6

58 *Togzhan Kassenova*
From Antagonism to Partnership
The Uneasy Path of the U.S.-Russian Cooperative Threat Reduction
With a foreword by Christoph Bluth
ISBN 978-3-89821-707-1

59 *Alexander Höllwerth*
Das sakrale eurasische Imperium des Aleksandr Dugin
Eine Diskursanalyse zum postsowjetischen russischen Rechtsextremismus
Mit einem Vorwort von Dirk Uffelmann
ISBN 978-3-89821-813-9

60 *Олег Рябов*
«Россия-Матушка»
Национализм, гендер и война в России XX века
С предисловием Елены Гощило
ISBN 978-3-89821-487-2

61 *Ivan Maistrenko*
Borot'bism
A Chapter in the History of the Ukrainian Revolution
With a new introduction by Chris Ford
Translated by George S. N. Luckyj with the assistance of Ivan L. Rudnytsky
ISBN 978-3-89821-697-5

62 *Maryna Romanets*
Anamorphosic Texts and Reconfigured Visions
Improvised Traditions in Contemporary Ukrainian and Irish Literature
ISBN 978-3-89821-576-3

63 *Paul D'Anieri and Taras Kuzio (Eds.)*
Aspects of the Orange Revolution I
Democratization and Elections in Post-Communist Ukraine
ISBN 978-3-89821-698-2

64 *Bohdan Harasymiw in collaboration with Oleh S. Ilnytzkyj (Eds.)*
Aspects of the Orange Revolution II
Information and Manipulation Strategies in the 2004 Ukrainian Presidential Elections
ISBN 978-3-89821-699-9

65 *Ingmar Bredies, Andreas Umland and Valentin Yakushik (Eds.)*
Aspects of the Orange Revolution III
The Context and Dynamics of the 2004 Ukrainian Presidential Elections
ISBN 978-3-89821-803-0

66 *Ingmar Bredies, Andreas Umland and Valentin Yakushik (Eds.)*
Aspects of the Orange Revolution IV
Foreign Assistance and Civic Action in the 2004 Ukrainian Presidential Elections
ISBN 978-3-89821-808-5

67 *Ingmar Bredies, Andreas Umland and Valentin Yakushik (Eds.)*
Aspects of the Orange Revolution V
Institutional Observation Reports on the 2004 Ukrainian Presidential Elections
ISBN 978-3-89821-809-2

68 *Taras Kuzio (Ed.)*
Aspects of the Orange Revolution VI
Post-Communist Democratic Revolutions in Comparative Perspective
ISBN 978-3-89821-820-7

69 *Tim Bohse*
Autoritarismus statt Selbstverwaltung
Die Transformation der kommunalen Politik in der Stadt Kaliningrad 1990-2005
Mit einem Geleitwort von Stefan Troebst
ISBN 978-3-89821-782-8

70 *David Rupp*
Die Rußländische Föderation und die russischsprachige Minderheit in Lettland
Eine Fallstudie zur Anwaltspolitik Moskaus gegenüber den russophonen Minderheiten im „Nahen Ausland" von 1991 bis 2002
Mit einem Vorwort von Helmut Wagner
ISBN 978-3-89821-778-1

71 *Taras Kuzio*
Theoretical and Comparative Perspectives on Nationalism
New Directions in Cross-Cultural and Post-Communist Studies
With a foreword by Paul Robert Magocsi
ISBN 978-3-89821-815-3

72 *Christine Teichmann*
Die Hochschultransformation im heutigen Osteuropa
Kontinuität und Wandel bei der Entwicklung des postkommunistischen Universitätswesens
Mit einem Vorwort von Oskar Anweiler
ISBN 978-3-89821-842-9

73 *Julia Kusznir*
Der politische Einfluss von Wirtschaftseliten in russischen Regionen
Eine Analyse am Beispiel der Erdöl- und Erdgasindustrie, 1992-2005
Mit einem Vorwort von Wolfgang Eichwede
ISBN 978-3-89821-821-4

74 *Alena Vysotskaya*
Russland, Belarus und die EU-Osterweiterung
Zur Minderheitenfrage und zum Problem der Freizügigkeit des Personenverkehrs
Mit einem Vorwort von Katlijn Malfliet
ISBN 978-3-89821-822-1

75 *Heiko Pleines (Hrsg.)*
Corporate Governance in post-sozialistischen Volkswirtschaften
ISBN 978-3-89821-766-8

76 *Stefan Ihrig*
Wer sind die Moldawier?
Rumänismus versus Moldowanismus in Historiographie und Schulbüchern der Republik Moldova, 1991-2006
Mit einem Vorwort von Holm Sundhaussen
ISBN 978-3-89821-466-7

77 *Galina Kozhevnikova in collaboration with Alexander Verkhovsky and Eugene Veklerov*
Ultra-Nationalism and Hate Crimes in Contemporary Russia
The 2004-2006 Annual Reports of Moscow's SOVA Center
With a foreword by Stephen D. Shenfield
ISBN 978-3-89821-868-9

78 *Florian Küchler*
The Role of the European Union in Moldova's Transnistria Conflict
With a foreword by Christopher Hill
ISBN 978-3-89821-850-4

79 *Bernd Rechel*
The Long Way Back to Europe
Minority Protection in Bulgaria
With a foreword by Richard Crampton
ISBN 978-3-89821-863-4

80 *Peter W. Rodgers*
Nation, Region and History in Post-Communist Transitions
Identity Politics in Ukraine, 1991-2006
With a foreword by Vera Tolz
ISBN 978-3-89821-903-7

81 *Stephanie Solywoda*
The Life and Work of Semen L. Frank
A Study of Russian Religious Philosophy
With a foreword by Philip Walters
ISBN 978-3-89821-457-5

82 *Vera Sokolova*
Cultural Politics of Ethnicity
Discourses on Roma in Communist Czechoslovakia
ISBN 978-3-89821-864-1

83 *Natalya Shevchik Ketenci*
Kazakhstani Enterprises in Transition
The Role of Historical Regional Development in Kazakhstan's Post-Soviet Economic Transformation
ISBN 978-3-89821-831-3

84 *Martin Malek, Anna Schor-Tschudnowskaja (Hrsg.)*
Europa im Tschetschenienkrieg
Zwischen politischer Ohnmacht und Gleichgültigkeit
Mit einem Vorwort von Lipchan Basajewa
ISBN 978-3-89821-676-0

85 *Stefan Meister*
Das postsowjetische Universitätswesen zwischen nationalem und internationalem Wandel
Die Entwicklung der regionalen Hochschule in Russland als Gradmesser der Systemtransformation
Mit einem Vorwort von Joan DeBardeleben
ISBN 978-3-89821-891-7

86 *Konstantin Sheiko in collaboration with Stephen Brown*
Nationalist Imaginings of the Russian Past
Anatolii Fomenko and the Rise of Alternative History in Post-Communist Russia
With a foreword by Donald Ostrowski
ISBN 978-3-89821-915-0

87 *Sabine Jenni*
Wie stark ist das „Einige Russland"?
Zur Parteibindung der Eliten und zum Wahlerfolg der Machtpartei im Dezember 2007
Mit einem Vorwort von Klaus Armingeon
ISBN 978-3-89821-961-7

FORTHCOMING (MANUSCRIPT WORKING TITLES)

Margaret Dikovitskaya
Arguing with the Photographs
Russian Imperial Colonial Attitudes in Visual Culture
ISBN 3-89821-462-1

Sergei M. Plekhanov
Russian Nationalism in the Age of Globalization
ISBN 3-89821-484-2

Robert Pyrah
Cultural Memory and Identity
Literature, Criticism and the Theatre in Lviv - Lwow - Lemberg, 1918-1939 and in post-Soviet Ukraine
ISBN 3-89821-505-9

Andrei Rogatchevski
The National-Bolshevik Party
ISBN 3-89821-532-6

Zenon Victor Wasyliw
Soviet Culture in the Ukrainian Village
The Transformation of Everyday Life and Values, 1921-1928
ISBN 3-89821-536-9

Nele Sass
Das gegenkulturelle Milieu im postsowjetischen Russland
ISBN 3-89821-543-1

Julie Elkner
Maternalism versus Militarism
The Russian Soldiers' Mothers Committee
ISBN 3-89821-575-X

Alexandra Kamarowsky
Russia's Post-crisis Growth
ISBN 3-89821-580-6

Martin Friessnegg
Das Problem der Medienfreiheit in Russland seit dem Ende der Sowjetunion
ISBN 3-89821-588-1

Nikolaj Nikiforowitsch Borobow
Führende Persönlichkeiten in Russland vom 12. bis 20. Jhd.: Ein Lexikon
Aus dem Russischen übersetzt und herausgegeben von Eberhard Schneider
ISBN 3-89821-638-1

Andreas Langenohl
Political Culture and Criticism of Society
Intellectual Articulations in Post-Soviet Russia
ISBN 3-89821-709-4

Thomas Borén
Meeting Places in Transformation
ISBN 3-89821-739-6

Lars Löckner
Sowjetrussland in der Beurteilung der Emigrantenzeitung 'Rul', 1920-1924
ISBN 3-89821-741-8

Ekaterina Taratuta
The Red Line of Construction
Semantics and Mythology of a Siberian Heliopolis
ISBN 3-89821-742-6

Bernd Kappenberg
Zeichen setzen für Europa
Der Gebrauch europäischer lateinischer Sonderzeichen in der deutschen Öffentlichkeit
ISBN 3-89821-749-3

Siegbert Klee, Martin Sandhop, Oxana Schwajka, Andreas Umland
Elitenbildung in der Postsowjetischen Ukraine
ISBN 978-389821-829-0

Elise Luckfiel
Zwischen Staat und externer Förderung - zivilgesellschaftliche Akteure in der Ukraine
Eine empirische Untersuchung von Kiewer NGOs
ISBN 978-3-89821-852-8

Eva Fuchslocher
Georgiens Nationenbildung
ISBN 978-3-89821-884-9

Oleh Kotsyuba
Ukrainian versus Russian Literature in the Post-Soviet Period
Overtaking and Surpassing America?
ISBN 978-3-89821-914-3

Mieste Hotopp-Riecke
Die Tataren der Krim zwischen Assimilation und Selbstbehauptung
Der Aufbau des krimtatarischen Bildungswesens nach Deportation und Heimkehr (1990-2005)
ISBN 978-3-89821-940-2

Alexander Schrepfer-Proskurjakov
Terror in Russland
Geschichte und Gegenwart
ISBN 978-3-89821-945-7

Quotes from reviews of SPPS volumes:

On vol. 1 – *The Implementation of the ECHR in Russia*: "Full of examples, experiences and valuable observations which could provide the basis for new strategies."

Diana Schmidt, *Неприкосновенный запас*, 2005

On vol. 2 – *Putins Russland*: "Wipperfürth draws attention to little known facts. For instance, the Russians have still more positive feelings towards Germany than to any other non-Slavic country."

Oldag Kaspar, *Süddeutsche Zeitung, 2005*

On vol. 3 – *Die Übernahme internationalen Rechts in die russische Rechtsordnung*: "Hussner's is an interesting, detailed and, at the same time, focused study which deals with all relevant aspects and contains insights into contemporary Russian legal thought."

Herbert Küpper, *Jahrbuch für Ostrecht, 2005*

On vol. 5 – *Квадратные метры, определяющие сознание*: „Meerovich provides a study that will be of considerable value to housing specialists and policy analysts."

Christina Varga-Harris, *Slavic Review*, 2006

On vol. 6 – *New Directions in Russian International Studies*: "A helpful step in the direction of an overdue dialogue between Western and Russian IR scholarly communities."

Diana Schmidt, *Europe-Asia Studies*, 2006

On vol. 8 – *Nation-Building and Minority Politics in Post-Socialist States:* "Galbreath's book is an admirable and craftsmanlike piece of work, and should be read by all specialists interested in the Baltic area."

Andrejs Plakans, *Slavic Review*, 2007

On vol. 9 – *Народы Кавказа в Вооружённых силах СССР:* "In this superb new book, Bezugolnyi skillfully fashions an accurate and candid record of how and why the Soviet Union mobilized and employed the various ethnic groups in the Caucasus region in the Red Army's World War II effort."

David J. Glantz, *Journal of Slavic Military Studies*, 2006

On vol. 10 – *Русское Национальное Единство*: "Pribylovskii's and Likhachev's work is likely to remain the definitive study of the Russian National Unity for a very long time."

Mischa Gabowitsch, *e-Extreme*, 2006

On vol. 13 – *The Politicization of Russian Orthodoxy*: "Mitrofanova's book is a fascinating study which raises important questions about the type of national ideology that will come to predominate in the new Russia."

Zoe Knox, *Europe-Asia Studies, 2006*

On vol. 14 – *Aleksandr Solzhenitsyn and the Modern Russo-Jewish Question*: "Larson has written a well-balanced survey of Solzhenitsyn's writings on Russian-Jewish relations."

Nikolai Butkevich, *e-Extreme*, 2006

On vol. 16 – *Der russische Sonderweg?:* "Luks's remarkable knowledge of the history of this wide territory from the Elbe to the Pacific Ocean and his life experience give his observations a particular sharpness and his judgements an exceptional weight."

Peter Krupnikow, *Mitteilungen aus dem baltischen Leben*, 2006

On vol. 17 – *История «Мёртвой воды»*: "Moroz provides one of the best available surveys of Russian neo-paganism."

Mischa Gabowitsch, *e-Extreme*, 2006

On vol. 18 – *Этническая и религиозная интолерантность в российских СМИ*: "A constructive contribution to a crucial debate about media-endorsed intolerance which has once again flared up in Russia."

Mischa Gabowitsch, *e-Extreme*, 2006

On vol. 25 – *The Ghosts in Our Classroom*: "Freyberg-Inan's well-researched and incisive monograph, balanced and informed about Romanian education in general, should be required reading for those Eurocrats who have shaped Romanian spending priorities since 2000."

Tom Gallagher, *Slavic Review*, 2006

On vol. 26 – *The 2002 Dubrovka and 2004 Beslan Hostage Crises:* "Dunlop's analysis will help to draw Western attention to the plight of those who have suffered by these terrorist acts, and the importance, for all Russians, of uncovering the truth of about what happened."

Amy Knight, *Times Literary Supplement*, 2006

On vol. 29 – *Zivilgesellschaftliche Einflüsse auf die Orange Revolution*: „Strasser's study constitutes an outstanding empirical analysis and well-grounded location of the subject within theory."

Heiko Pleines, *Osteuropa*, 2006

On vol. 34 – *Postsowjetische Feiern*: "Mühlfried's book contains not only a solid ethnographic study, but also points at some problems emerging from Georgia's prevalent understanding of culture."

Godula Kosack, *Anthropos*, 2007

On vol. 35 – *Fascism Past and Present, West and East*: "Committed students will find much of interest in these sometimes barbed exchanges."

Robert Paxton, *Journal of Global History*, 2007

On vol. 37 – *Political Anti-Semitism in Post-Soviet Russia*: "Likhachev's book serves as a reliable compendium and a good starting point for future research on post-Soviet xenophobia and ultra-nationalist politics, with their accompanying anti-Semitism."

Kathleen Mikkelson, *Demokratizatsiya*, 2007

Series Subscription

Please enter my subscription to the series *Soviet and Post-Soviet Politics and Society*, ISSN 1614-3515, as follows:

❐ complete series OR ❐ English-language titles
❐ German-language titles
❐ Russian-language titles

starting with

❐ volume # 1

❐ volume # ___

❐ please also include the following volumes: #___, ___, ___, ___, ___, ___, ___

❐ the next volume being published

❐ please also include the following volumes: #___, ___, ___, ___, ___, ___, ___

❐ 1 copy per volume OR ❐ ___ copies per volume

Subscription within Germany:

You will receive every volume at 1st publication at the regular bookseller's price – incl. s & h and VAT.

Payment:

❐ Please bill me for every volume.

❐ Lastschriftverfahren: Ich/wir ermächtige(n) Sie hiermit widerruflich, den Rechnungsbetrag je Band von meinem/unserem folgendem Konto einzuziehen.

Kontoinhaber: ______________________ Kreditinstitut: ______________________

Kontonummer: ______________________ Bankleitzahl: ______________________

International Subscription:

Payment (incl. s & h and VAT) in advance for

❐ 10 volumes/copies (€ 319.80) ❐ 20 volumes/copies (€ 599.80)

❐ 40 volumes/copies (€ 1,099.80)

Please send my books to:

NAME ______________________ DEPARTMENT ______________________

ADDRESS ____

POST/ZIP CODE ______________________ COUNTRY ______________________

TELEPHONE ______________________ EMAIL ______________________

date/signature ____

A hint for librarians in the former Soviet Union: Your academic library might be eligible to receive free-of-cost scholarly literature from Germany via the German Research Foundation. For Russian-language information on this program, see http://www.dfg.de/forschungsfoerderung/formulare/download/12_54.pdf.

Please fax to: **0511 / 262 2201 (+49 511 262 2201)**
or mail to: ***ibidem***-Verlag, Julius-Leber-Weg 11, D-30457 Hannover,Germany
or send an e-mail: ibidem@ibidem-verlag.de

***ibidem*-Verlag**

Melchiorstr. 15

D-70439 Stuttgart

info@ibidem-verlag.de

www.ibidem-verlag.de
www.ibidem.eu
www.edition-noema.de
www.autorenbetreuung.de

Zeitfracht Medien GmbH
Ferdinand-Jühlke-Straße 7
99095 Erfurt, Deutschland
produktsicherheit@kolibri360.de